«Dass das Blut der heiligen Wunden
mich durchgehet alle Stunden»

TVZ

Jan-Andrea Bernhard,
Judith Engeler (Hg.)

«Dass das Blut der heiligen Wunden mich durchgehet alle Stunden»

Frauen und ihre Lektüre im Pietismus

TVZ

Theologischer Verlag Zürich

Herausgeber, Autoren und Verlag danken folgenden öffentlichen und privaten Institutionen, die mit einem Beitrag das Erscheinen dieses Buchs ermöglicht haben:

Kulturförderung des Kantons Graubünden/SWISSLOS
Reformierte Kirchen Bern-Jura-Solothurn
Evangelisch-reformierte Landeskirche des Kantons Graubünden
Evangelisch-reformierte Landeskirche des Kantons St. Gallen
Evangelisch-reformierte Landeskirche des Kantons Thurgau
Evangelisch-reformierte Landeskirche des Kantons Zürich
Evangelisch-reformierte Gesamtkirchgemeinde Bern
Pleiv reformada Scuol
Reformierte Kirchgemeinde Maienfeld

Der Theologische Verlag Zürich wird vom Bundesamt für Kultur mit einem Strukturbeitrag für die Jahre 2019–2020 unterstützt.

Bibliografische Informationen der Deutschen Nationalbibliothek
Die Deutsche Nationalbibliothek verzeichnet diese Publikation in der Deutschen Nationalbibliografie; detaillierte bibliografische Daten sind im Internet über http://dnb.dnb.de abrufbar.

Umschlaggestaltung
Simone Ackermann
unter Verwendung des Jugendgemäldes von Hortensia von Salis, mit freundlicher Genehmigung der Familie Gugelberg von Moos, Maienfeld

Druck
Rosch Buch GmbH, Scheßlitz

ISBN 978-3-290-18211-3

www.tvz-verlag.ch

Inhalt

Vorwort

Der Druck dieses Buchs ist der Ertrag eines Seminars, das im Herbstsemester 2016 an der Theologischen Fakultät der Universität Zürich gehalten wurde, mit dem Thema *Frauen lesen, besitzen und schreiben Bücher. Die Stellung der Frau im Blick auf die religiöse Erziehung im 17. und 18. Jahrhundert.* In der letzten Sitzung dieses Seminars hat eine Studierende gefragt: «Und jetzt, was wird aus unseren Erkenntnissen? Die vielen Frauen, deren Verdienst wir untersuchten und würdigten – wird man sie wieder vergessen?»

Die Teilnehmenden waren sich einig, dass dies nicht passieren darf. Zwar gibt es da und dort – vor allem betreffs des deutschen Pietismus – diesbezügliche Publikationen und Studien, doch ist es teilweise recht schwierig, Literatur und Zeugnisse aus der Schweiz zu finden, die die religiöse Bildung, das Leseinteresse, die literarische Tätigkeit und die Stellung der Frau im 17. und 18. Jahrhundert thematisieren. Die wichtigsten Erkenntnisse des Seminars sollten darum der Öffentlichkeit zugänglich gemacht werden, natürlich auch, um die Gesellschaft für die Bedeutung der Geschlechtergeschichte zu sensibilisieren.

Die Absicht, ja das Ziel dieses Buchs will dennoch bescheiden bleiben: Es soll – unter anderem anhand der Biografien mancher heute teils eher unbekannter Frauen – lediglich einen Anfang setzen, es soll zum Nachdenken und Entdecken anregen, sich vermehrt mit der Buch-, Erziehungs- und Bildungsgeschichte von Frauen des 17. und 18. Jahrhunderts zu befassen. Gerade die Auseinandersetzung mit den Büchern, die Frauen lasen, besassen und schrieben, gewährt einen alternativen Zugang zur Geschlechtergeschichte, der manche herkömmliche Überzeugung infrage stellen lässt. Dies ist umso notwendiger, da im 19. Jahrhundert die verheissungsvollen Umbrüche im Geschlechterverhältnis in Teilen wieder rückgängig gemacht wurden, und viele Frauen erneut zu «frommen Gattinnen» erzogen werden sollten.

Das Buch teilt sich in drei Teile auf: In einer grundlegenden Einführung sollen Fragen der religiösen Bildung, des Leseinteressens, der literarischen Tätigkeit und der Stellung der Frau im Europa des 17. und 18. Jahrhunderts vorgestellt werden. Der zweite Teil hat insbesondere den gesamteuropäischen Horizont im Blick, einerseits mit der Vorstellung des Wirkens der Grossmutter von Nikolaus Ludwig Graf von Zinzendorf, andererseits mit einem Überblick über Entstehen und Verschwinden der dichterischen Bemühungen von Frauen des Pietismus. Im dritten und grössten Teil werden Frauen und ihre Schriften aus der damaligen Schweiz und der Drei Bünde vorgestellt. Es handelt sich dabei insbesondere um Margret Zeerleder-Lutz, Ursula Meyer, Hortensia Gugelberg von Moos geb. von Salis und Mengia Wieland-Bisaz.

Es ist uns eine angenehme Pflicht, all den Institutionen von Herzen zu danken, die den Druck dieses Buchs ermöglicht haben, dem Theologischen Verlag Zürich für die Aufnahme ins Verlagsprogramm und der Familie Gugelberg von Moos, Maienfeld, dass wir das Jugendgemälde von Hortensia von Salis für den Umschlag benutzen durften.

Möge das Buch eine interessierte Leserschaft finden und zu neuen Forschungen anregen.

Im Februar 2019

Jan-Andrea Bernhard
Judith Engeler

Einführung

Jan-Andrea Bernhard

Das Buch als kostbares Gut
Religiöse Bildung, Leseinteresse, literarische Tätigkeit und Stellung der Frau im 17. und 18. Jahrhundert

Einleitung

Im Zusammenhang mit dem Erscheinen der ersten vollständigen deutschen Übersetzung der *Vulgata* (2018) hat der Übersetzer Andreas Beriger festgehalten: «In der israelitischen Organisation hatte die Frau [...] eine stärkere Position. Diese Position wurde später stark zurückgedrängt.» Beriger spielte damit auf Jael aus der Richterzeit an, die beim Ausgang einer Schlacht einem Feldherrn, der in ihrem Zelt schlief, einen Zeltnagel in den Kopf «rammte» (Ri 4,21).[1] Tatsächlich scheint es, dass die Frauen in Israel eine andere Stellung innehatten als später in der christlichen Kirche. Wir denken dabei an die Prophetin Miriam, die Schwester Aarons, die – bekannt geworden dank ihres Lobgesangs (Ex 15,20ff.) – sich gegen Moses Führungsanspruch stellte, oder an die jüdischen Frauen, die erste Zeuginnen der Auferstehung von Jesus Christus wurden (Mk 16,1–8).

Allerdings muss man auch feststellen, dass die Stellung der Frau in der Kirche erst im Laufe der Jahrhunderte geschwächt wurde. So sind u. a. noch in dem im 4. Jahrhundert entstandenen Apsismosaik der Kirche Santa Pudenziana in Rom zwei Frauen zusammen mit Petrus und Paulus ins Zentrum beim himmlischen König gestellt, also an einen Ort, der später nur Männern vorbehalten war – wohl, weil die Erinnerung noch lebendig war, dass Frauen bei der Christianisierung Roms eine besondere Stellung eingenommen hatten.[2] Während noch Augustinus und Hieronymus für die christliche Ehefrau part-

Abb. 1: Rom, Basilica S. Pudenziana: Apsismosaik (4. Jahrhundert).

nerschaftliche Mitgestaltungsmöglichkeiten vorsahen, erachteten die einflussreichen hochmittelalterlichen Theologen Albertus Magnus und Thomas von Aquin die Frau grundsätzlich als ein geistig, physisch und ethisch minderwertiges Wesen und begründeten damit auch ihre Subordination in der Ehe.[3]

Humanismus und Reformation läuteten eine neue Zeit – gemeinhin als die frühe Neuzeit bezeichnet – ein. Entgegen oder als Folge aller bisherigen kirchlichen ‹Sozialdisziplinierung› bedeutete dies auch eine neue Ausgangslage für viele Frauen.[4] Einzigartiges Zeugnis ist sicher das Andachtsbuch von Anna v. Rockwyl (Roggwil) aus dem Jahre 1528: Ihre handschriftlichen Ausführungen zur Beichte (bzw. der Sündenerkenntnis) basieren weitgehend auf Urbanus Regius' *Underricht wye eyn Christen Mensch Got seinem Herren teglich beichten soll* (Strassburg 1522) – ein unzweifelhafter Beleg, dass Anna v. Rockwyl nicht nur eine gute Bildung besass, sondern auch ein bemerkenswertes Leseinteresse zeigte.[5] Ähnliches wird bestätigt in einem Brief Heinrich Bullingers, den er am 21. November 1546 an eine nicht abschliessend bestimmte Frau in Basel sandte: Darin erklärt Bullinger seine Bereitschaft, verschiedene Schriften Zwinglis und anderer der genannten Frau zu senden.[6] Tatsächlich begründeten die geistesgeschichtlichen Veränderungen des 16. Jahrhunderts für Frauen neue Möglichkeiten auf Bildung auch ausserhalb des Klosters. Frauen begannen sich u. a. für Schriften der Reformation zu interessieren, ja formulierten teils gar eigene theologische Überlegungen.[7]

Trotz dieser bildungspolitischen Veränderungen ist von einem tiefgreifenden Umbruch des Lebens, Denkens und Handelns von Frauen erst mit Einsetzen des Pietismus und der Aufklärung zu sprechen. Frauen traten mit Druckschriften, die eine bemerkenswerte Bildung offenbarten, an die breite Öffentlichkeit,[8] die angestammte Stellung der Frau inner- und ausserhalb der Familie wurde da und dort hinterfragt, und es schienen sich neue Gestaltungsmöglichkeiten zu eröffnen. So trat z. B. «Camilla», die anonyme Verfasserin der *Rose der unschätzbaren Freyheit* (o. O. [Zürich?] 1693), für Frauenbildung ein und polemisierte gleichzeitig gegen die Männerherrschaft und die Ehe, ja empfahl den Frauen gar, ledig zu bleiben.[9] «Camilla» war mit Hortensia von Salis (1659–1715) aus Maienfeld[10] und Anna Elisabeth Menhart (1660–1737) aus Chur eng befreundet. Wahrscheinlich trafen sich die gelehrten Damen Bündens zu Salongesprächen nach französischem Vorbild.[11]

Die
Ungepflückte und Stetsbeglükte
Rose
Der unschätzbaren
Freyheit/
In den Edlesten Gemühtsgarten
Vernügungs-Begiriger
Nymfen:
Mit neuen Gründen eingepflanzet;
zu Zeitvertreiblicher Belustigung
entworffen
Durch die Wolmeinliche Feder
Der
Camilla.

Gedruckt im Jahr/ 1693.

Abb. 2: Titelblatt der *Rose der unschätzbaren Freyheit* ([Zürich?] 1693), verfasst von «Camilla», wohl einer Schwester von Hortensia von Salis, Maienfeld.

In einer Einführung ist es leider nicht möglich, einen umfassenden Überblick über die Bildung der Frauen in der frühen Neuzeit zu geben,[12] wir möchten aber einige grundsätzliche Aspekte der religiösen Bildung, des Leseinteressens, der literarischen Tätigkeit und der Stellung der Frau im 17. und 18. Jahrhundert vorstellen. Dies soll helfen, die nachfolgenden Studien in einem grösseren Kontext lesen und verstehen zu können.

Lesende und schreibende Frauen

Lesen und Schreiben war in der Zeit des *Ancien Régime* nicht nur Zeugnis des Leseinteresses, sondern auch eine «bestimmte Form der Sozialdisziplinierung». Keineswegs waren die Fähigkeiten, zu lesen und zu schreiben, immer kongruent. So erklärt sich die eher einseitige Fokussierung auf das Lesen in den ‹niederen› Schulen vor 1800 damit, dass einerseits für eine spätere Geschäftstätigkeit Briefe, Verträge, Abrechnungen usw. gelesen werden mussten, andererseits daraus, dass die Lektüre von Büchern für eine kontrollierbarere Tätigkeit gehalten wurde. Letztere Überlegung war vor allem in einem eher katholischen Umfeld von gewisser Relevanz.[13]

Grundsätzlich setzte die Fähigkeit, lesen und schreiben zu können, keinen Buchbesitz voraus. Oft waren es Kalender, aber auch Wetter- und Rechnungsjournale, Haushaltungs- oder Familienbücher bzw. -chroniken, die das gemeine Volk besass, und in denen – teils auf den dafür vorgesehenen leeren Seiten – handschriftliche Eintragungen angefertigt wurden.[14] Lesen und Schreiben hatten also wesentlich eine funktionale Komponente, gerade auch für den Bereich der «weiblichen Domäne» im Inneren von Haus und Hof: Kleinhandel (Wolle, Stickerei), Pflege des Gartens, kurze Korrespondenz mit Verwandten, Hauswirtschaftsjournale usw.[15] Gleichzeitig lässt sich feststellen, dass im Laufe des 17. Jahrhunderts die Lesestoffe und die Kommunikationsmittel in ganz Europa zugenommen, und die Fähigkeit, lesen oder schreiben zu können, nicht nur eine Popularisierung, sondern auch eine Entfunktionalisierung erfahren hat. Dies betraf gerade auch Frauen. Es ist nicht nur an die bemerkenswerten Briefe in religiöser Kunstprosa von bekannten Pietistinnen wie Jane Leade (1623–1704), Johanna Eleonora Petersen (1644–1724) oder Henriette Katharina von Gersdorf (1648–1726),[16] der Grossmutter von Nikolaus Ludwig Graf von Zinzendorf, zu denken, sondern auch an kaum in Lexikoneinträgen vorkommende Frauen, die im Rah-

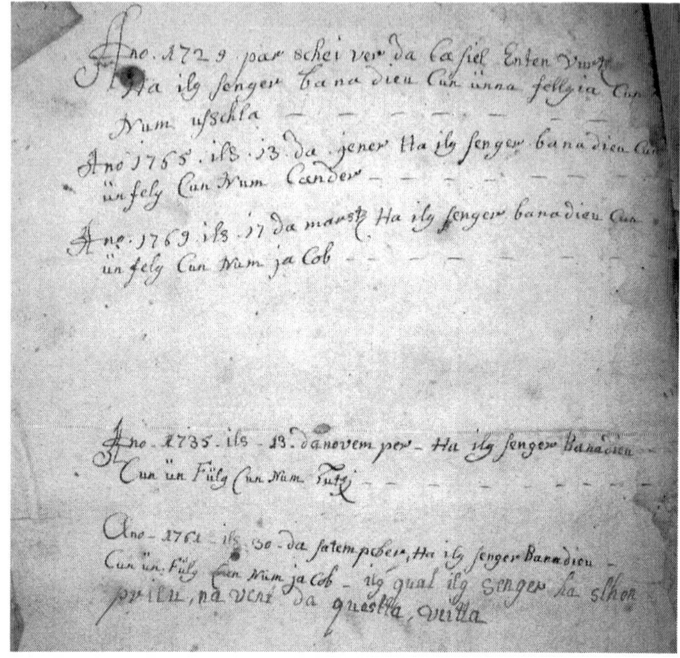

Ano. 1729 par schei ver da Casiel Enten Vuorz
Ha ilg Senger banadieu Cun ünna fellgia
Num ussehla
Ano 1755. ils. 13. da jener Ha ilg Senger banadieu
ün fely Cun Num Cander
Ano. 1759 ils 17 da marsch Ha ilg Senger banadieu Cun
ün fely Cun Num ja Cob
Ano. 1735. ils. 13. da november Ha ilg Senger Banadieu
Cun ün Fülg Cun Num Putz
Ano. 1761. ils 30. da sathemper, Ha ilg Senger Banadieu
Cun ün Fülg Cun Num ja Cob – ilg qual ilg Senger ha slhon
priéu, na vent da questa vitta

Abb. 3: Bibeln, die oft als Familienchronik dienten, belegen die Lese- und Schreibfertigkeit der Besitzer. Im Bild eine romanische Bibel von 1718 aus Waltensburg.

men ihrer sozialen Möglichkeiten lesen und schreiben lernten, meist im familiären Umfeld, und auch Bücher ihr Eigen nannten, oft mit kunstvollen Besitzvermerken versehen. Dabei ist es kaum erstaunlich, dass die überlieferten Quellen vor allem den religiösen Bereich betrafen: Taufbriefe, handschriftliche Widmungen für das Patenkind, religiöse Literatur wie Gesang- und Erbauungsbücher, oder biblische Geschichtsbücher wie Johannes Hübners *Zweimal zweiundfünfzig Biblische Historien.* Die durch die Lektüre gelernte religiöse Sprache fand in der alltäglichen Verwendung ohne Zweifel ihren Niederschlag.[17]

DUE VOLTE
CINQUANT' E DUE
LEZIONI
SACRE
Che contengono
LE
PRINCIPALI
HISTORIE
Del
Vecchio è Nouvo Teſtamento.
Chì vuol ſervirſene legga la
Prefazione.

Stampato in Scolio.
Per
JACOMO N. GADINA

MDCCXLIII.

Abb. 4: Italienische Übersetzung von Johannes Hübners ***Biblische Historien*** aus dem Besitz von Nesa G. Giovanoli.

Im Rahmen eines Forschungsprojektes des Kantons Graubünden (2012–2018), in dem untersucht worden ist, welche und wie viele Bücher in den Drei Bünden (heute Graubünden) zur Zeit des *Ancien Régime* gelesen und verbreitet waren, konnte festgestellt werden, dass oft heute nicht mehr ‹aktenkundige› Frauen Bücher besassen – je nach sozialem Stand waren dies eher religiöse Bücher oder auch *belle littérature*.[18] Dazu gesellten sich hin und wieder gar Titel der spezifisch für Frauen bestimmten Literatur, wie z. B. *Bibliothèque des Dames* (Amsterdam 1727), *Sur la noblesse et excellence du sexe féminin* (Leiden 1726), *Zeitvertreib vor das schöne Geschlecht* (Frankfurt 1765) oder *Zerstreute Blätter zur Unterhaltung für Frauenzimmer* (Breslau 1804). Die überwiegende Mehrheit – es wurden mehr als 1000 Bücher mit Besitzeinträgen von Frauen vor 1815 gefunden – betraf aber doch die religiöse Literatur. Es erstaunt darum umso mehr, dass in der geistesgeschichtlichen Forschung – sei dies in Studien zur Entwicklung der Lesefertigkeit des gemeinen Volkes oder in theologiegeschichtlichen Untersuchungen – bis heute Gebets- und Erbauungsbücher nur stiefmütterlich untersucht werden, auch in Bezug auf die Genderfrage. Gerade beim gemeinen Volk wurde Lesen und Schreiben lange Zeit wesentlich über das religiöse Buch vermittelt. Die Lektüre von Gebets- und Erbauungsbüchern bildete für Frauen einen wichtigen Schritt auf dem Weg zu ihrer Emanzipation. Grundsätzlich kann man sagen, dass die intensive Beschäftigung mit der Bibel und religiöser Literatur das Selbstvertrauen vieler Frauen stärkte.[19]

Besitzeinträge von Frauen in ihre Bücher belegen allerdings auch, dass die Schreibfertigkeit von Frauen (wie bei Männern) recht verschieden war. Zwei buchgeschichtliche Beispiele – sie stehen exemplarisch für hunderte anderer Einträge – sollen dies illustrieren. So trägt sich eine Ursula Sievi von Waltensburg in das sehr verbreitete romanische Gesangbuch *Ils Psalms d'ilg soinc prophet a reg David* (Zürich 1683) mit ungeübter, ungelenker Feder folgendermassen ein: «Quest salms auda a mi ursla sivi.» [Dieser Psalm gehört mir, Ursula Sievi.][20] Andererseits dienten gedruckte Buchstaben als kalligrafisches Vorbild für den Besitzeintrag von Christina Buol von Davos: «Dieses Testament und Psalmen Buoch gehört der in Ehr, Lehr, Zucht, Fleijss und Tugend anwachsenden Jungfrauen, Jungfrau Christina Buolij zu Davos A° 1760 d. 4 Tag.

Abb. 5: Besitzeintrag von Ursula Sievi in das Liederbuch *Ils Psalms d'ilg soinc prophet a reg David* (Chur 1683).

Xbris. Gott ich wil mich zu dir kehren; und dich ewig stets verehren; dich will ich im Glauben fassen; du wirst mich auch nicht verlassen.»[21]

Wie das zweite Beispiel illustriert, wurden die Besitzeinträge oft mit einem religiösen Vers abgeschlossen. Allerdings nicht nur. Onna B. Stupan aus Ardez schrieb in ihr neu erworbenes Andachtsbuch *Abyss dall'aeternitat* (Zürich 1693): «Quest cudas auda a mai Ona B. Stupan quell chi langola ais ün lader chi marita la fuorchia. Anno 1700. In nom dalg Segner. Amen.» [Dieses Buch gehört mir, Onna B. Stupan; der, welcher es stiehlt, ist ein Dieb und verdient den Galgen. Im Jahre 1700. Im Namen des Herren. Amen.][22] Der heute vielleicht erheiternde Vers belegt in aller Ernsthaftigkeit, wie kostbar dieses Buch für die Besitzerin Onna Stupan war.

Nach dem 30-jährigen Krieg stellen wir einen geradezu sprunghaften Anstieg der Druckproduktion fest, insbesondere von sogenannter Gebrauchs- und Alltagsliteratur. Dazu gehörten Einblattdrucke, Kalender und Almanache (Jahrbü-

Abb. 6: Besitzeintrag von Christina Buol in das 1756 in Zürich gedruckte Neue Testament.

cher) nicht weniger als Erbauuungs- und Gesangbücher sowie Katechismen oder biblische Geschichtsbücher. Es ist daher nicht erstaunlich, dass immer mehr Frauen an dieser Form der Kommunikation teilhaben wollten und in der Folge Lesen und Schreiben ihre rein funktionale Bedeutung zunehmend einbüssten.[23]

Druck von Büchern, Schriften und Liedern

Im Jahre 1705 erschienen erstmals Exzerpte in ungarischer Sprache von Johann Arndts *Wahrem Christentum*, übersetzt von Kata Szidónia Petröczi. Seit Mitte des 17. Jahrhunderts waren Arndts Schriften, insbesondere seine *Vier Bücher vom wahren Christentum* sowie sein *Paradiesgärtlein* in Ungarn und Siebenbürgen beliebt. Während István Huszti als Erster das *Paradiesgärtlein* (Klausenburg 1698) herausgab, war es eine Frau, die Teile des *Wahren Christentums* ins Ungarische übertrug und 1705, ebenfalls in Klausenburg, drucken liess. Schliesslich wurde in der ersten vollständigen Ausgabe aus dem Jahre 1741 Petröczis Übersetzung nicht nur übernommen, sondern deren gelungene Kunstprosastücke hatten auch massgebenden Einfluss auf die ungarische Übersetzung der weiteren Teile.[24]

Das Beispiel dieser eher unbekannten Übersetzung von Arndts *Vier Bücher vom wahren Christentum* illustriert zweierlei: Einmal, dass Frauen des Pietismus' – Arndt ist zwar kein Pietist, aber sein Werk ist von allen Pietisten und vielen Pietismus-Freunden jener Zeit gelesen worden – religiöse Literatur lasen und rezipierten, des Weiteren, dass Frauen Bücher übersetzten und herausgaben bzw. selbst publizierten. Seit Mitte des 17. Jahrhunderts traten Frauen immer selbstbewusster mit ihren Publikationen an die Öffentlichkeit, vorerst oft noch anonym oder mit einem Anagramm – denken wir an die anonym erschienene *Glückselige Freyheit* (Bern 1743) von Margret Zeerleder-Lutz[25] oder an das Kürzel «H. C. F. V. F.», das Henriette Katharina Freiin von Friesen auf dem Titelblatt ihrer *Heilsamen Betrachtung [...]* (Wittenberg 1665) drucken liess –, später unter Nennung des Namens.[26] Neben relativ berühmten Namen wie Ämilie Juliane von Schwarzburg-Rudolstadt (1637–1706), Johanna Eleonora Petersen oder Jane Leade ist auch auf weniger bekannte Frauen wie Anna Vetter-Hitsch (1630–1703), Marie Huber (1695–1753) oder Mengia Wieland-Bisaz (1713–1781)[27] zu verweisen. In jedem Fall ist feststellbar, dass der Druck von Büchern und Schriften zweierlei Funktionen hatte: Einerseits sollten die Bücher – unabhängig davon, ob es sich um Übersetzungen oder selbst verfasste Schriften handelte – zur Erbauung der Gläubigen dienen, andererseits waren sie Zeichen der Selbstbewusstseinsstärkung der Frauen im Pietismus. Viele Frauen erlebten die Möglichkeit, die eigene Frömmigkeitsgeschichte und die eigenen religiösen Erfahrungen ‹buchdrucktechnisch› zu verwerten, als einen Schritt auf dem Weg zur inneren Befreiung. Besonders dabei ist freilich, dass sich nicht einfach Frauen zu Wort meldeten, sondern – im religiös-pietistischen Sinne – *fromme* Frauen. Der geistlichen Orientierung dieser Frauen dienten oft die in Leichenpredigten gedruckten Biografien, sogenannte Bekehrungsbiografien.[28] In diesem Zusammenhang ist darauf hinzuweisen, dass in Johann Henrich Reitz siebenteiligem Werk *Historie der Wiedergebohrnen [...] männlichen und weiblichen Geschlechts* (1698–1745), einer Sammlung von Bekehrungsbiografien, der Frauenanteil gegenüber demjenigen der Männer deutlich überwiegt. Zudem sind es oft Biografien von heute weitgehend unbekannten Frauen. Wie diese «pietistische Sammelbiografie» zeigt, wurden offenbar gerade in pietistischen Kreisen Geschlechter- und Standesgrenzen bewusst durchbrochen.[29] Dies war auch eine wichtige Voraussetzung, dass geistliche Schriften von Frauen publiziert werden konnten. Darüber herrschte freilich keineswegs einhellige Begeisterung: Das belegen nicht nur die anfänglich oft anonym herausgegebenen Drucke, sondern auch die da und dort auftretenden kritischen Bemerkungen über die «Frauenliteratur», wie z. B. von Martin Peider Schmid v. Grüneg aus Ftan, der Mengia Wielands *Ovretta* (1749; 1754 etc.) als lächerlich bezeichnete.[30]

Eine Untersuchung der Schriften von Frauen offenbart verschiedene Aspekte, die Hinweis auf die religiöse Bildung, das Leseinteresse und letztlich auch zur Stellung von Frauen im 17. und 18. Jahrhundert geben. Aufgrund buchgeschichtlicher Forschungen ist es unbestritten, dass Frauen aus allen Schichten

Quaist Cudasch
Partain Alla
Honor.ta Iuvna
Echta P. Padruot
Año 1774.

LA
PRATICA DA PIE-
TÆT.
CHI INTRAGUIDA IL CHRI-
ſtian co ch'el poſſa s'inſtruir in la
tema da Dieu.
JL PRUM COMPONUDA IN LIN-
guaich Englais tras Ludovicum Bay-
li Dr. Theol. ma dopo tranſponüda in
Romaunſch,
Tras
LURAINZ VIEZEL Dr. da L. f. m.
ma huoſſa
Con l'adjunta d'üna nova Præfati-
un compoſta træs
Jl Sigr. Revdo. VALENTIN NIC[illegible]AI
Miniſter della Baſelgia di VETTAN.
Promovüda à la ſtampa in la 2da E-
dition à comün cuoſt de
Sr. MI. NUOT SCHUCAN di Vettan
Sr. MI. PADRUOT BEZOLA
Et
Sr. JACHIEN BEZOLA di Cernetz
Stampa in SCUOL Tras
IACOBO Not GADINA Año, MDCCLXXI.

Abb. 7: Lewis Baylys *Praxis pietatis*, ein Long- und Bestseller, in der engadinerromanischen Übersetzung, mit einem Besitzeintrag von Jungfrau Echta P. Padruot.

sogenannte Best- und Longseller lasen und ihr religiöses Denken dadurch massgeblich geprägt worden ist. Es ist dabei insbesondere an Johannes Arndts *Vier Bücher vom wahren Christentum* oder Lewis Baylys *Praxis pietatis* zu denken – beide Werke sind in unzähligen Auflagen und Sprachen erschienen. Bemerkenswerterweise erfuhr gerade die englische Erbauungsliteratur im deutschen Sprachraum eine reiche Rezeption.[31] Neben den traditionellen Gesangbüchern und Katechismen war die Erbauungsliteratur ein kaum zu überschätzender Fundus für die religiöse Bildung und das geistliche Wirken von Frauen. Dies zeigt sich in den theologischen Formulierungen verschiedener Schriftgattungen von Frauen unverkennbar. So schöpfen beispielsweise Anna Vetters Visionen wesentlich aus dem Bilderschatz von Bibel und Erbauungsliteratur.[32] Zudem ist mit Nachdrücklichkeit die Fähigkeit vieler Frauen, theologische Fragen in poetische Texte zu fassen, zu erwähnen. Dabei ist nicht nur an die poetische Verarbeitung biblischer Stoffe,[33] sondern auch an unzählige Gedichte aus der Feder von Frauen zu denken: Teils als Gebete für die persönliche Erbauung – so z. B. das *Geistliches Weiber-Aqua-Vit [...] Christliche Lieder und Gebete vor, bey und nach Erlangung göttlichen Ehe-Segens* (1683) – verfasst, teils als Lieder für den gemeinschaftlichen Gesang bestimmt. So finden sich im Herrnhuter Gesangbuch von 1741 immerhin 62 Lieder von Erdmuthe Dorothea Gräfin Reuß zu Ebersdorf, der Frau von Zinzendorf, und 56 Lieder von Anna Nietschmann, der zweiten Frau des Grafen. Darüber hinaus ist aber auch auf die weniger bekannte Tatsache hinzuweisen, dass Frauen aus Anlass des Hinschieds von Angehörigen oder Freunden Trauergedichte verfasst haben und teils drucken liessen – denken wir an Trauergedichte, die Hortensia von Salis aus Maienfeld für zwei ihrer verstorbenen Schwägerinnen verfasste, oder an Mengia Wieland-Bisaz, die ein Klagegedicht über den unerwarteten, schmerzhaften Hinschied ihrer Tochter drucken liess. In vielen Liedern und Gedichten von Frauen zeigt sich, dass gerade die Auseinandersetzung mit dem Tod und die Hoffnung auf das ewige Leben, das Denken, Schreiben und Dichten massgeblich geprägt hat. So dichtete Ämilie Juliane von Schwarzburg-Rudolstadt in ihrem zwölfstrophigen Lied *Wer weiss, wie nahe mir mein Ende* (1686/88), das noch im 21. Jahrhundert in christlichen Kirchen gesungen wird: «Ich habe Christum angezogen, / gehöre ihm durch meine Tauf, / und darum bist du mir gewogen, / nahmst mich zu deinem Kinde auf. / Mein Gott, ich bitt durch Christi Blut: / Mach's nur mit meinem Ende gut.»[34]

Vom Interesse an Bildung zu einer Veränderung der Stellung der Frau in ihrem Umfeld

Es ist eigentlich ein Ding der Unmöglichkeit, über die Stellung der Frauen in einem gesamteuropäischen Kontext zu sprechen, denn die Stellung einer Bauernfrau in Ungarn und einer solchen in den Drei Bünden war im 17. und 18. Jahrhundert mitnichten kongruent. Die Bauernfrau aus Ungarn war meist eine Leibeigene, diejenige aus Bünden hatte hingegen die gleichen Rechte wie ihre Junkersnachbarin. Dementsprechend sind auch Lese- und Schreibkompetenzen immer im spezifischen Fall zu betrachten. In manchen Gebieten hat das Leben die Frauen gezwungen, die Feder zur Hand zu nehmen, in anderen ist dies kaum der Fall. Verständlicherweise hatte diese Tatsache massgeblichen Einfluss auf die Stellung der Frauen in den jeweiligen Territorien.

Dennoch lassen sich einige grundsätzliche Bemerkungen zur Stellung und dem Bildungsinteresse der Frau im Europa des 17. und 18. Jahrhunderts machen: Natürlich bestimmte die soziale Stellung der Familien nach wie vor die finanziellen Möglichkeiten der Frauen. Der Zugang zu Bildung war keineswegs für jede Frau in gleicher Weise gewährleistet. Aristokratinnen, adlige und gut situierte Frauen hatten mehr Möglichkeiten, Bücher oder Buchsammlungen anzuschaffen.[35] Während beispielsweise die siebenbürgische hochadlige Kata Bethlen möglichst viele ungarische Bücher unabhängig ihres Kaufpreises anschaffen konnte und ihr ganzes Leben lang die Wissenschaft und Literatur protestantischer Prägung unterstützte,[36] ergab sich für Catharina v. Moos aus Ramosch eine ganz andere Situation: Sie erwarb Hübners *Biblische Historien* und lernte mit diesem Bestseller in der sogenannten Elementarschule in Madulain lesen und schreiben. Hübners *Historien* sind aber als einziges Buch aus ihrem Besitz erhalten.[37] Demgegenüber besass ihre Verwandte Uorschla v. Moos neun Bücher, die freilich alle auch religiösen Inhalts waren. Tatsächlich besassen gemeine Stadt- und Landfrauen meist nur einige wenige Bücher. Zudem belegen Besitzeinträge in Büchern regelmässig, dass einzelne, vor allem religiöse Bücher weitergegeben wurden, von der Mutter zur Tochter, zur Nichte oder zum Patenkind. Das Buch war also gerade auch in niedereren Gesellschaftschichten ein kostbares Gut.

Die Ausführungen illustrieren, dass Bildungsinteresse und -sozialisation seit dem 17. Jahrhundert in zunehmendem Masse verschiedene soziale Schichten – Adlige und Junker gleichermassen wie Bürger und Bauern – betreffen konnte. Männer und Frauen. Der Cartesianer Poulain de la Barre hielt in seiner Untersuchung *De l'égalité des sexes* (1673) fest, dass der Verstand kein Geschlecht habe. In dieser Zeit war eben gerade der Typus des *gelehrten Frauenzimmers* im Entstehen begriffen. In höheren Gesellschaftsschichten wurde die gebildete und diskutierende Frau eine Selbstverständlichkeit.[38] Es ist aber zu betonen, dass das Interesse an Bildung bei Frauen ländlicher Gebiete mitnichten geringer war, obwohl viele Mädchen dieser Gebiete, d. h. vor allem in den eher niederen Gesellschaftsschichten, keine andere Möglichkeit hatten, als sich ihre Lesefertigkeit und ihre Bildung im traditionellen Familienkreis anzueignen.[39] Solchen Standesunterschieden versuchte allerdings der Pietismus – wir denken an neu gegründete Mädchenschulen, wie z. B. in Halle[40] – entgegenzuwirken. Allein die Tatsache also, dass das Interesse an Bildung in zunehmendem Masse auch ein Anliegen von Frauen verschiedener sozialer Schichten war, belegt eine sich langsam abzeichnende Veränderung der Stellung von Frauen in ihrem sozialen Umfeld.

Diese veränderte und sich verändernde Stellung von Frauen zeigte sich gerade auch in einer Infragestellung herkömmlicher Wertevorstellungen. Die bereits erwähnte Schrift *Rose der unschätzbaren Freyheit* (1693) der unbekannten Bündnerin «Camilla» illustriert dies beispielhaft. Frauen trafen sich zum Austausch in Lesegesellschaften oder Salons; man las gemeinsam Bücher oder tauschte sich über neue medizinische

Erkenntnisse aus – auch Frauen pflegten also unter sich den gelehrten Austausch.[41] Der Hintergrund von Publikationen wie Madeleine de Scudérys *Conversations nouvelles sur divers sujets* (La Haye 1685) war nicht selten die «Conversation» in gelehrten Kreisen. Solche Treffen fanden regelmässig in Privathäusern statt.

In pietistischen Kreisen hingegen trafen sich die Frauen (teils auch mit Männern) besonders zum gemeinsamen Beten und Singen, ja zur gemeinschaftlichen Bibellektüre (‹Konventikel›).[42] Gerade im Bereich des radikalen Pietismus geschah es öfters, dass ‹inspirierte› Frauen eine gesonderte Stellung einnahmen. Solches wissen wir z. B. von Margret Zeerleder-Lutz, die im Rahmen der Konventikel auch predigte und Andachten hielt.[43] Damit erhielten Frauen innerhalb ihrer christlichen Gemeinschaften ähnliche Aufgaben wie die Männer, was die Amtskirche allerdings argwöhnisch beobachtete. So wurde die pietistische Näherin Anna Vetter von der Obrigkeit daran gehindert, auf der Kanzel in Ansbach zu predigen. Als Folge davon hat sie in einer zur Veröffentlichung bestimmten Schrift die religiösen Rechte der Frau gefordert und verteidigt. Gottfried Arnold (1666–1714) veröffentlichte ihre Schrift in der *Unparteyischen Kirchen- und Ketzer-Historie* (Frankfurt a. M. 1729).[44] In ähnlichem Zusammenhang hat Arnold in seiner Schrift *Die geistliche Gestalt eines evangelischen Lehrers ...* (Halle 1704) rhetorisch gefragt, ob denn Frauen nicht auch an den Gnadengaben des Herrn teilhaben würden. Die Vielzahl begnadeter Frauen liesse es nicht zu, dass sie vom kirchlichen Dienst ausgeschlossen würden, d. h., dass auch Frauen Befugnis zur Verkündigung, Sakramentsspendung, Seelsorge und Unterweisung erhalten müssten. Diese Überzeugung finden wir auch in der in pietistischen Kreisen weit verbreiteten Berleburger Bibel.[45] Insbesondere die Herrnhuter waren in der Einbeziehung der Frauen in die kirchliche Arbeit ihrer Zeit weit voraus. Die meisten Ämter der Gemeinde waren, mehr oder weniger paritätisch, von Frauen und Männern besetzt.

Abb. 8: Frontispiz der in pietistischen Kreisen verbreiteten Berleburger Bibel (1726), für die «philadelphische Gemeinde».

Bei der Konfirmation z. B. segneten Schwestern die Konfirmandinnen. Auch in der Leitung der Gemeinde waren Frauen beteiligt, ja sie nahmen auch an den Synoden teil, konnten das Wort ergreifen und abstimmen.[46]

Zusammenfassung und Ertrag

Unsere Einführung hat einige massgebende Aspekte zu Bildung, Leseinteresse und literarischer Tätigkeit von Frauen im 17. und 18. Jahrhundert vorgestellt. Betreffend einer sich abzeichnenden Veränderung der Stellung der Frau muss aber festgehalten werden, dass mitnichten alle Frauen daran Anteil hatten. Einerseits entwickelte sich ein verändertes Selbstbewusstsein vor allem im Protestantismus und seltener im Katholizismus, andererseits betraf dies innerhalb des Protestantismus insbesondere den radikalen Pietismus. Umgekehrt ist zu betonen, dass – wie bereits erwähnt – die Lektüre von Gebets- und Erbauungsbüchern einen wichtigen Schritt der Frauen auf dem Weg zu ihrer Emanzipation bildete. Dies hingegen betraf den Protestantismus ganz Europas. Wenn auch die Frau in vielen Gemeinden noch lange «zu schweigen» (1Kor 14,34f.) hatte, war die zunehmende Fertigkeit des Lesens und Schreibens und des Interessens für das gedruckte Buch ein wichtiger, grundlegender Schritt zur Mündigkeit der Frau, und zwar bei verschiedenen sozialen Schichten inner- und ausserhalb der Kirche.[47]

Anmerkungen

1 Vgl. Pierina *Hasler*, Die neue Vulgata unter das Volk bringen, in: Südostschweiz am Wochenende, 27. Oktober 2018, 11.

2 Vgl. Silvia *Letsch-Brunner*, Römische Aristokratinnen der christlichen Spätantike und Überlegungen zur Interpretation des Apsismosaiks der Kirche Santa Pudenziana, in: Jan-Andrea Bernhard u. a. (Hg.), Misericordias Domini. Freundesgabe zum 70. Geburtstag von Prof. Dr. Hans-Dietrich Altendorf, Zürich 2000, 17–26. 34f.

3 Vgl. Erika *Uitz*, Die Frau in der spätmittelalterlichen Stadt, Freiburg i. Br. 1992, 171f.

4 Dazu sind namentlich folgende Publikationen zu nennen: Rebecca A. *Giselbrecht* und Sabine *Scheuter* (Hg.), «Hör nicht auf zu singen». Zeuginnen der Schweizer Reformation, Zürich 2016; Anne *Conrad* (Hg.), «In Christo ist weder man noch weyb.» Frauen der Reformation und der katholischen Reform, Münster 1999; Sonja *Domröse*, Frauen der Reformationszeit. Gelehrt, mutig und glaubensfest, Göttingen [4]2017; Simona *Schellenberger* et al. (Hg.), Eine STARKE FRAUENgeschichte:

500 Jahre Reformation. Begleitband zur Sonderausstellung im Auftrag der Staatlichen Schlösser, Burgen und Gärten Sachsen, Markkleeberg 2014.

5 Die Handschrift umfasst 151 Blatt in 8°; der Standort derselben ist heute aber nicht mehr bekannt, weil sie im Jahr 2004 auf dem Antiquitätenmarkt verkauft worden ist. Eine Farbkopie der ganzen Handschrift befindet sich in meinem Besitz.

6 Vgl. Heinrich Bullinger Werke, 2. Abt.: Briefwechsel, Bd. 18, Zürich 2017, Nr. 2687.

7 Vgl. die Literatur unter Anm. 4.

8 Noch in der Reformationszeit waren es eher seltene Erscheinungen, dass Frauen publizistisch tätig waren – wir denken da beispielsweise an Argula von Grumbach, Katharina Schütz Zell oder Marie Dentière.

9 Vgl. Silvio *Färber*, «Die Rose der Freyheit». Eine radikal-feministische Streitschrift von «Camilla» aus dem Jahre 1693, Jahrbuch der historischen Gesellschaft Graubünden 141 (2011), 135.

10 Es ist auf den Beitrag von Brigitte Danuser zu verweisen (S. 83–94).

11 In der Forschung ist es bis heute umstritten, wer sich hinter «Camilla» verberge: Während Färber auf eine «Schwester Hortensias» tendiert (vgl. *Färber*, Rose, 133), erkennt Danuser hinter «Camilla» Gotthard Heidegger (vgl. S. 92). Letztlich muss die Frage offen bleiben, doch hat die Argumentation Färbers den Verfasser dieser Einführung mehr überzeugt.

12 Dazu ist auf weitere Literatur zur ‹Frauenbildung› in der frühen Neuzeit zu verweisen, die allerdings sehr vielfältig ist; neben der obgenannten Literatur findet sich ein guter, wenn auch knapper Überblick bei: *Färber*, Rose, 171–173.

13 Vgl. Alfred *Messerli*, Einführung, in: ders. und Roger Chartier (Hg.), Lesen und Schreiben in Europa 1500–1900. Vergleichende Perspektiven – Perspectives comparées – Perspettive comparate, Basel 2000, 21f.

14 Bezüglich ‹Nutzung› der leeren Blätter sind besonders Familienbibeln interessant, da diese neben den üblichen genealogischen Familienangaben oft auch Angaben zu Witterung und anderen lokalen Ereignissen beinhalten (vgl. Alfred *Messerli*, Lesen und Schreiben 1700 bis 1900. Untersuchungen zur Durchsetzung der Literalität in der Schweiz, Tübingen 2002, 578f).

15 Siehe dazu auch die Äusserungen des englischen Geistlichen Gilbert Burnet, der 1685 die Schweiz besuchte (vgl. Gilbert *Burnet*, Some letters containing an acount of what seemed most remarkable in Switzerland [...], Rotterdam 1686, 20; Ulrich *Im Hof*, Das Europa der Aufklärung, München 1995, 213f; *Messerli*, Lesen, 52f).

16 Es ist auf den Beitrag von Anna Lerch zu verweisen (S. 39–67).

17 Vgl. *Messerli*, Einführung, 23f; Jan *Peters*, Bäuerliches Schreiben und schriftkulturelles Umfeld. Austauschverhältnisse im 17. Jahrhundert, in: Messerli und Chartier, Lesen und Schreiben, 100f.

18 Der Reiseschriftsteller Heinrich Ludwig Lehmann hielt fest: «Der Bauer kauft Bücher zur Erbauung und Ergötzung, der Edelmann zum Unterricht.» (Heinrich Ludwig *Lehmann*, Die Republik Graubünden historisch-geographisch-statistisch dargstellt, Bd. 2, Brandenburg 1799, 316f).

19 Vgl. Brigitta *Stoll*, Hausmutter und Himmelsbraut – Ein Andachtsbuch des 17./18. Jahrhunderts und sein Frauenbild, in: Sophia Bietenhard et al. (Hg.), Zwischen Macht und Dienst. Beiträge zur Geschichte und Gegenwart von Frauen im kirchlichen Leben der Schweiz, Bern 1991, 83–86; Barbara *Becker-Cantarino*, «Die mütterliche Krafft unsrer neuen Gebuhrt». Theologische Ideen und religiöse Wirksamkeit von Jane Leade (1623/24–1704) und Johanna Eleonora Petersen (1644–1724), in: Ruth Albrecht et al. (Hg.), Glaube und Geschlecht. Fromme Frauen – Spirituelle Erfahrungen – Religiöse Traditionen, Köln/Weimar/Wien 2008, 247.

20 Standortsignatur im Archiv cultural Foppa (Rueun): Vuor 1: Rar 6 Gras (1683).

21 Standortsignatur im Heimatmuseum Davos: HMD-069.

22 Standortsignatur in der Privatbibliothek von alt Regierungsrat Reto Mengiardi (Chur): MC-021.

23 Vgl. *Peters*, Bäuerliches Schreiben, 89ff.

24 Vgl. Zoltán *Csepregi*, «Wir kriegen wieder in unsere Sprach ein theures Buch». Hundert Jahre Arndt-Rezeption im Königreich Ungarn (1641–1741), in: http://www.academia.edu/6679287/_Wir_kriegen_wieder_in_unsere_Sprach_ein_theures_Buch_hundert_Jahre_Arndt-Rezeption_im_Königreich_Ungarn_1641-1741_ (22.11.2018), 4f. 6–11. 14f; Márta *Nagy*, «Pietas Hungarica». Die ungarischen Übersetzungen des Wahren Christentums und des Paradiesgärtleins von Johann Arndt, in: Johannes Wallmann und Udo Sträter (Hg.), Halle und Osteuropa. Zur europäischen Ausstrahlung des hallischen Pietismus, Halle/Tübingen 1998, 275–282.

25 Es ist auf den Beitrag von Rahel Strassmann Zweifel zu verweisen (S. 105–122).

26 Vgl. *Stollberg*, Europa, 155f.

27 Es ist auf meinen Beitrag über Mengia Wieland-Bisaz zu verweisen (S. 137–151).

28 Vgl. Ruth *Albrecht*, Vom Verschwinden der Theologie zugunsten der Biographie. Zur Rezeption Johanna Eleonora Petersens, in: Ulrike

Gleixner und Erika Hebeisen (Hg.), Gendering Tradition. Erinnerungskultur und Geschlecht im Pietismus, Korb 2007, 123–148.

29 Vgl. Rudolf *Dellsperger*, Frauenemanzipation im Pietismus, in: Bietenhard, Macht, 136f. 142ff.

30 Vgl. Martin Peider Schmid v. Grüneg: Chiantun verd, Bd. 2, StAGR: A 722/1, 351; Jon *Mathieu*, Bauern und Bären. Eine Geschichte des Unterengadins von 1650 bis 1800, Chur [3]1994, 172.

31 Vgl. Udo *Sträter*, Sonthom, Bayly, Dyke und Hall. Studien zur Rezeption der englischen Erbauungsliteratur in Deutschland im 17. Jahrhundert, Tübingen 1987, 76–83; *Becker-Cantarino*, Krafft, 241ff.

32 Vgl. Eva *Kormann*, Traditionsbildungen des radikalen Pietismus, in: Gleixner, Tradition, 110.

33 Wie z. B. die *Heilsame Betrachtung [...] von dem seligmachenden Leiden und Sterben Unseres Heylandes* (1665) von Henriette Katharina von Gersdorf.

34 Neu-auserlesenes Gesang-Buch, in welchem Tausend derer besten alten und neuen Kirchen-Lieder [...] enthalten sind, Nürnberg 1751, 511f; Gesangbuch der Evangelisch-reformierten Kirchen der deutschsprachigen Schweiz, Zürich 1998, 908f.

35 Gerade buchgeschichtliche Untersuchungen offenbaren, welche finanziellen Mittel die einzelnen Geschlechter bzw. Familien hatten.

36 Aus der unzähligen ungarischsprachigen Literatur sei nur auf eine deutsche Studie und zwei ungarische Standardstudien verwiesen: Brigitta *Pesti*, Erbauungsliteratur und weibliches Lesepublikum. Lesegewohnheiten von Frauen des 17. Jahrhunderts in Ungarn, Wiener elekronische Beiträge des Instituts für Finno-Ugristik 4/2009, 4–8; Melinda *Lakatos-Bakó* (Hg.), Árva Bethlen Kata levelei, Klausenburg 2002; Bethlen Kata, in: István *Monok* et al. (Hg.), Erdélyi Könvésházak III. 1563–1757, Szeged 1994, 24–65.

37 Der handschriftliche Eintrag lautet: «La prasenta Biblica Historia ais propria alla honorata Juvna et unesta Catarina v. Moos da quaist temp a 1776 scolara in Madolain.» (Standortsignatur in der Bibliothek von Gion Tscharner [Zernez]: GTZ-025).

38 Vgl. *Im Hof*, Europa, 213f; *Stollberg*, Europa, 158.

39 Vgl. *Peters*, Bäuerliches Schreiben, 88ff; *Im Hof*, Europa, 217f.

40 Vgl. *Im Hof*, Europa, 215. Zu den Bemühungen von Henriette Katharina von Gersdorf in Halle siehe den Beitrag von Anna Lerch (S. 39–67).

41 Vgl. *Stollberg*, Europa, 155f.

42 Vgl. *Messerli*, Lesen, 438f.

43 Vgl. Martin *Brecht* et al. (Hg.), Geschichte des Pietismus, Bd. 2, Göttingen 1995, 599; Paul *Wernle*, Der schweizerische Protestantismus im 18. Jahrhundert, Bd. 1, Tübingen 1923, 179. Zu Margret Zeerleder-Lutz siehe den Beitrag von Rahel Strassmann Zweifel (S 105–122).

44 Vgl. [Anna *Vetter*], Von den Gesichten Annae Vetterin, in: Gottfried Arnold, Unparteyischen Kirchen- und Ketzer-Historie, Frankfurt a. M. 1729, 267–294.

45 Vgl. *Dellsperger*, Frauenemanzipation, 138–141.

46 Vgl. Martin H. *Jung*, Frauen des Pietismus. Zehn Porträts von Johanna Regina Bengel bis Erdmuthe Dorothea von Zinzendorf, Gütersloh 1998, 51f; Heidrun *Homburg*, Glaube – Arbeit – Geschlecht. Frauen in der Ökonomie der Herrnhuter Ortsgemeinde von den 1720er Jahren bis zur Jahrhundertwende. Ein Werkstattbericht, in: Pia Schmid (Hg.), Gender im Pietismus. Netzwerke und Geschlechterkonstruktion, Halle 2015, 43–62.

47 Vgl. *Stoll*, Hausmutter, 83–86.

Literaturangaben

Primärquellen

Gottfried *Arnold*, Unparteyische Kirchen- und Ketzer-Historie, Frankfurt a. M. 1729.

Heinrich *Bullinger*, Werke, 2. Abteilung: Briefwechsel, Bd. 18, hg. von Reinhard Bodenmann u. a., Zürich 2017.

Gilbert *Burnet*, Some letters containing an acount of what seemed most remarkable in Switzerland [...], Rotterdam 1686.

Neu-auserlesenes Gesang-Buch, in welchem Tausend derer besten alten und neuen Kirchen-Lieder [...] enthalten sind, Nürnberg 1751.

Gesangbuch der Evangelisch-reformierten Kirchen der deutschsprachigen Schweiz, Zürich 1998.

Heinrich Ludwig *Lehmann*, Die Republik Graubünden historisch-geographisch-statistisch dargstellt, Bd. 2, Brandenburg 1799.

Norbert *Ohler* (Hg.), Frauen im Leben der Kirche. Quellen und Zeugnisse aus 2000 Jahren Kirchengeschichte, Münster 2015.

Anna v. Rockwyl: Gebetsbuch: «Das vatter uinser [...]», 1528, [Xerokopie des verlorenen Originals].

Martin Peider Schmid v. Grüneg: Chiantun verd, ca. 1775, Bd. 2, StAGR: A 722/1.

Sekundärquellen

Ruth *Albrecht* u. a. (Hg.), Glaube und Geschlecht. Fromme Frauen – Spirituelle Erfahrungen – Religiöse Traditionen, Köln/Weimar/Wien 2008 (Literatur – Kultur- Geschlecht. Studien zur Literatur- und Kulturgeschichte 43).

Sophia *Bietenhard* u. a. (Hg.), Zwischen Macht und Dienst. Beiträge zur Geschichte und Gegenwart von Frauen im kirchlichen Leben der Schweiz, Bern 1991.

Martin *Brecht* u. a. (Hg.), Geschichte des Pietismus, Bd. 2, Göttingen 1995.

Anne *Conrad* (Hg.), «In Christo ist weder man noch weyb». Frauen der Reformation und der katholischen Reform, Münster 1999 (Katholisches Leben und Kirchenreform im Zeitalter der Glaubensspaltung 59).

Zoltán *Csepregi*, «Wir kriegen wieder in unsere Sprach ein theures Buch». Hundert Jahre Arndt-Rezeption im Königreich Ungarn (1641–1741), in: www.academia.edu/6679287/_Wir_kriegen_wieder_in_unsere_Sprach_ein_theures_Buch_hundert_Jahre_Arndt-Rezeption_im_ Königreich_Ungarn_1641-1741_(22.11.2018).

Sonja *Domröse*, Frauen der Reformationszeit. Gelehrt, mutig und glaubensfest, Göttingen [4]2017.

Silvio *Färber*, «Die Rose der Freyheit». Eine radikal-feministische Streitschrift von «Camilla» aus dem Jahre 1693, Jahrbuch der historischen Gesellschaft Graubünden 141 (2011), 85–173.

Rebecca A. *Giselbrecht* und Sabine *Scheuter* (Hg.), «Hör nicht auf zu singen». Zeuginnen der Schweizer Reformation, Zürich 2016.

Ulrike *Gleixner* und Erika *Hebeisen* (Hg.), Gendering Tradition. Erinnerungskultur und Geschlecht im Pietismus, Korb 2007.

Ulrich *Im Hof*, Das Europa der Aufklärung, München 1995.

Martin H. *Jung*, Frauen des Pietismus. Zehn Porträts von Johanna Regina Bengel bis Erdmuthe Dorothea von Zinzendorf, Gütersloh 1998.

Hartmut *Krüger*, Frauen im Pietismus. Ihr Dienst – ihre Verantwortung – ihr Einfluss, Marburg a. d. L. 2005.

Melinda *Lakatos-Bakó* (Hg.), Árva Bethlen Kata levelei, Klausenburg 2002.

Silvia *Letsch-Brunner*, Römische Aristokratinnen der christlichen Spätantike und Überlegungen zur Interpretation des Apsismosaiks der Kirche Santa Pudenziana, in: Jan-Andrea Bernhard u. a. (Hg.), Misericordias Domini. Freundesgabe zum 70. Geburtstag von Prof. Dr. Hans-Dietrich Altendorf, Zürich 2000, 11–35.

Jon *Mathieu*, Bauern und Bären. Eine Geschichte des Unterengadins von 1650 bis 1800, Chur [3]1994.

Alfred *Messerli* und Roger *Chartier* (Hg.), Lesen und Schreiben in Europa 1500–1900. Vergleichende Perspektiven – Perspectives comparées – Perspettive comparate, Basel 2000.

Ders., Lesen und Schreiben 1700 bis 1900. Untersuchungen zur Durchsetzung der Literalität in der Schweiz, Tübingen 2002 (Reihe Grammatische Linguistik 229).

István *Monok* u. a. (Hg.), Erdélyi Könvésházak III. 1563–1757, Szeged 1994.

Brigitta *Pesti*, Erbauungsliteratur und weibliches Lesepublikum. Lesegewohnheiten von Frauen des 17. Jahrhunderts in Ungarn, Wiener elektronische Beiträge des Instituts für Finno-Ugristik 4/2009, 1–10.

Pia *Schmid* (Hg.), Gender im Pietismus. Netzwerke und Geschlechterkonstruktion, Halle 2015 (Hallesche Forschungen 40).

Barbara *Stollberg-Rilinger*, Europa im Jahrhundert der Aufklärung, Stuttgart 2000.

Udo *Sträter*, Sonthom, Bayly, Dyke und Hall. Studien zur Rezeption der englischen Erbauungsliteratur in Deutschland im 17. Jahrhundert, Tübingen 1987 (Beiträge zur Historischen Theologie 71).

Erika *Uitz*, Die Frau in der spätmittelalterlichen Stadt, Freiburg i. Br. 1992.

Johannes *Wallmann* und Udo *Sträter* (Hg.), Halle und Osteuropa. Zur europäischen Ausstrahlung des hallischen Pietismus, Halle/Tübingen 1998 (Hallesche Forschungen 1).

Paul *Wernle*, Der schweizerische Protestantismus im 18. Jahrhundert, Bd. I: Das reformierte Staatskirchentum und seine Ausläufer (Pietismus und vernünftige Orthodoxie), Tübingen 1923.

Europa

Anna Lerch

Henriette Katharina von Gersdorf, geb. Freiin von Friesen (1648–1726)
Die grosse Förderin von Schule und Bildung im Umkreis des lutherischen Pietismus

Biografische Stationen

Henriette Katharina von Gersdorf, geborene Freiin von Friesen, begegnet uns oft nur am Rand im Zusammenhang mit bedeutenden Männern der pietistischen Frömmigkeitsbewegung, wie dem religiösen Reformer und Bestsellerautor der *Pia Desideria*, Philipp Jacob Spener, dem Begründer der Francke'schen Stiftungen in Halle, August Hermann Francke, oder dem geistlichen Leiter der Herrnhuter Brüdergemeine Nikolaus Ludwig Graf von Zinzendorf. Henriette Katharina kannte diese drei «Väter des lutherischen Pietismus»[1] persönlich, wurde von ihnen geprägt und übte auch ihrerseits Einfluss auf sie aus.

Am 6. Oktober 1648 wurde Henriette Katharina in Sulzbach, damals Teil des Fürstentums Pfalz-Sulzbach, mit dem Adelstitel Freiin von Friesen geboren. Im *Ancien Régime* war die Gesellschaft immer noch in Stände gegliedert und die gängige Verwaltungsform war das mittelalterliche Lehenswesen mit adligen Gutsbesitzern, Landesherren und Bauern. Im Deutschen Reich waren es die herrschenden Fürsten, welche die Religion und die Reichweite der Religionsfreiheit in ihren Gebieten festlegen konnten (*cuius regio eius religio*). Obwohl der Pfalzgraf des Geburtsortes von Henriette Katharina, Christian August, im Jahr 1655 zum Katholizismus übertrat, blieb das kleine Fürstentum Pfalz-Sulzbach bekannt für seine religiöse Toleranz. Henriette Katharina gehörte als Freiin von

Friesen zu einer alten Hochadelsfamilie, deren Geschichte bis ins 14. Jahrhundert zurückreicht.

Henriette Katharinas Vater Freiherr Carl von Friesen galt als Kunst- und Wissenschaftsmäzen. Er wurde 1665 in die Funktion des Oberkonsistorialpräsidenten erhoben und war damit für Kursachsens Universitäten, Schulen und Kirchen verantwortlich. Mit seiner Ehefrau Justina von Raaben und den gemeinsamen Kindern lebte er ab 1649 auf dem sich in Familienbesitz befindenden Schloss Rötha bei Leipzig. Henriette Katharina war das Dritte von zehn Kindern und durfte an der Ausbildung ihrer Brüder teilhaben, was damals nicht selbstverständlich war. Dadurch erhielt sie Unterricht in Latein, Hebräisch und Griechisch sowie in den modernen Sprachen Italienisch und Französisch. Sie wurde auch in den Bereichen Musik, Dichtkunst und Malerei gefördert. Im Jahr 1665, als Henriette Katharina gerade einmal 17 Jahre alt war, wurde ihre Erbauungsschrift *Heilsame Betrachtung [...] von dem seligmachenden Leiden und Sterben Unseres Heylandes* in Wittenberg gedruckt.

Im Alter von 24 Jahren heiratete Henriette Katharina 1672 den bereits zweimal verwitweten und um einige Jahre älteren kurfürstlichen Geheimrat Nikol (Nikolaus) von Gersdorf. Nikol war ein Freund und Amtskollege von Henriette Katharinas Vater. Er stammte aus einer nicht sehr wohlhabenden Familie, doch ihm gelang es, nach seinen Studien in Recht, Philosophie und Philologie in Wittenberg und durch verschiedene Bildungsreisen wichtige Positionen und Ämter zu erhalten. Neben seinem Wirken in der europäischen Politik – man denke an sein Mitformulieren des Aachener Friedens vom 2. Mai 1668 – engagierte er sich auch in religiösen und sozialen Belangen.[2] Gemeinsam mit Henriette Katharina pflegte Nikol Kontakt mit August Hermann Francke, dem Theologen Paul Anton und dem Hofbeamten Carl Hildebrand von Canstein; Letzterer hat die gleichnamige Bibelanstalt, die erste Bibelgesellschaft überhaupt, gegründet. Zu den vier von Nikol in die Ehe gebrachten und unter die Obhut von Henriette Katharina gestellten Kindern kamen in den 30 Ehejahren dreizehn gemeinsame Kinder hinzu. Sieben der gemeinsamen Kinder starben früh und nur vier überlebten Henriette Katharina. In der Stadtwohnung in Dresden führte Henriette Katharina den Haushalt und empfing viele Besucher aus unterschiedlichen Ständen. Sie versuchte ihre Rolle am Hof und ihre finanziellen Möglichkeiten für die Unterstützung möglichst vieler Menschen in Not zu nutzen. 1686 wurde Philipp Jakob Spener, der nach Erneuerung des religiösen und kirchlichen Lebens strebende Theologe, als Oberhofprediger des Kurfürsten Johann Georg III. nach Dresden berufen. Er wirkte dort bis 1691. Das Ehepaar besuchte Predigten Speners und auch seinen Katechismusunterricht. Schon Henriette Katharinas Vater Carl von Friesen gehörte zu den Unterstützern Speners am Sächsischen Hof, verstarb jedoch in Speners Ankunftsjahr in Dresden. Trotz des Bruchs Speners mit Johann Georg III. und seiner Übersiedelung nach Berlin 1691 blieb die freundschaftliche Verbindung zum Ehepaar von Gersdorf erhalten.

1690 reiste Henriette Katharina mit ihrem Ehemann Nikol, der in der Funktion des Prinzipalgesandten unterwegs war, zur Krönung Josephs I. zum römisch-deutschen König nach Augsburg. Für diesen Anlass verfasste Henriette Katharina ein Bittgesuch in lateinischer Sprache zur Verbesserung der Situation der Protestanten in Salzburg und Tirol. Im Zuge der Gegenreformation waren nämlich Kinder aus mehreren Gemeinden aus dem Gebiet Salzburg entführt worden, um die Familien zu einem Übertritt zur katholischen Kirche zu bewegen. In einer Begegnung mit der Kaiserin Eleonore unterhielt sich Henriette Katharina für mehrere Stunden mit dieser und überreichte ihr das mitgebrachte Bittgesuch. Dank ihres Einsatzes konnten schliesslich 1500 protestantische Kinder wieder in ihre Familien und Gemeinden zurückkehren.[3]

Ab 1693 begann Henriette Katharinas finanzielles Engagement als Förderin von Übersetzungen biblischer Bücher in die sorbische[4] Sprache. Dieses von Spener angeregte Projekt hat sie ihr Leben lang begleitet. Dank der Übernahme der Druckkosten durch Henriette Katharina konnten 1693 der Römer- und der Galaterbrief veröffentlicht werden. Diese wurden von Pastor Michael Frenzel, der selbst Sorbe war, erstmals ins Sorbische übersetzt. Die Sorben waren zur Lebenszeit Henriette Katharinas vor allem Bauern, die auf ihren Höfen lebten und oft kein Deutsch sprachen; es fehlte ihnen an einem eigenen Kirchen- und Schulwesen. In der sorbischen Sprache gab es weder eine Bibelübersetzung noch Möglichkeiten zu einer muttersprachlichen Ausbildung der Pfarrer. Dadurch bestand auch ein Pfarrermangel. Dank des Einsatzes von Pastor Michael Frenzel und seiner Unterstützerin Henriette Katharina konnte sich die sorbische Sprache immer mehr als Schriftsprache konsolidieren.[5] Die Schaffung einer Schriftsprache – im Zuge der Übersetzung biblischer Bücher – bedeutete auch eine Kampfansage gegen den weitverbreiteten Analphabetismus. Im Jahr 1703 übernahm Henriette Katharina die Druckkosten der Psalmen in sorbischer Sprache und machte somit deren Veröffentlichung möglich. Im Jahr 1706 übernahm sie die Druckkosten für den Druck des gesamten Neuen Testaments.

Seit 1698 unterstützte Henriette Katharina das neuentstehende Gynäzeum, die erste Schule in Halle für die Bildung von Mädchen, einerseits finanziell und andererseits durch das Anwerben von adligen und bürgerlichen jungen Frauen. Henriette Katharina vermittelte neben eigenen Nichten fünf weitere schlesische Mädchen nach Halle und bezahlte ihre Schulgebühren. Auch wenn Henriette Katharina die pietistische Bildung schätzte, war sie ihr nicht vielfältig genug. Sie organisierte deshalb für die Mädchen zusätzlichen Unterricht in Musik, Französisch und Mathematik, also in den Fächern, in denen sie selbst eine umfassende Bildung genossen hatte. Die Gründung des Gynäzeums wurde vom Theologen August Hermann Francke vorangetrieben und vom brandenburgi-

Abb. 9: Henriette Katharina von Gersdorf, geb. Freiin von Friesen, zeigend auf eine vor einem Kruzifix geöffnete Bibel.

schen Hofbeamten Carl Hildebrand von Canstein finanziell mitgetragen. Neu an diesem Projekt war, dass die Frauenbildung ausserhalb des Elternhauses, aber nicht wie bis anhin in einem Kloster stattfand. Dass in den Franckeschen Stiftungen, zu denen das Gynäzeum zählte, nicht nur Jungen, sondern auch Mädchen unterrichtet werden konnten und dass

Standesgrenzen zu überwinden versucht wurden, war charakteristisch für Franckes Bildungsideal. Zuerst war Henriette Katharina jedoch unsicher, ob sie das Gynäzeum unterstützen sollte. Anfangs war sie dagegen, da ihr die Erziehung zu ähnlich mit dem katholischen Klosterleben war. Auch wenn im Pietismus die Konfessionsunterschiede an Gewicht verloren hatten, da der christliche Lebenswandel und die persönliche Frömmigkeit des Einzelnen zunehmend wichtiger wurden, vertrat Henriette Katharina weiterhin einen konfessionellen Standpunkt.

Das Jahr 1702 war für Henriette Katharina in zweifacher Weise tragisch. Ihr Ehemann starb am 23. August in Dresden. Dieser Verlust brachte für Henriette Katharina eine Sinn- und Glaubenskrise mit sich. Henriette Katharina zog nach dem Tod ihres Ehemannes von Dresden nach Grosshennersdorf (heute ein Ortsteil von Herrnhut) in ein altes Wasserschloss. Nikol von Gersdorf hatte seiner Ehefrau das Gut Grosshennersdorf als Witwensitz vermacht, von wo aus Henriette Katharina drei Dörfer zu regieren hatte: Berthelsdorf, Oberberthelsdorf und Grosshennersdorf. Drei ihrer Kinder begleiteten sie: die noch unmündigen Kinder Henriette Sophie und Nikol sowie ihre älteste Tochter Gräfin Charlotte Justine von Zinzendorf, die bereits im Jahr 1700 zur Witwe geworden war. Hinzu kam, dass ein Leipziger Rechtsanwalt im selben Jahr in Leipzig Konkurs anmelden musste, womit Henriette Katharina einen Teil ihres Vermögens verlor. 1704 heiratete ihre Tochter Charlotte Justine den preussischen Generalfeldmarschall Dubislav Gneomar von Natzmer und zog zu ihrem Ehemann nach Berlin.

Die Erziehung von Charlotte Justines Sohn, Nikolaus Ludwig Graf von Zinzendorf, dem einzigen Kind aus erster Ehe, überliess die junge Mutter vom vierten bis zum zehnten Lebensjahr der Grossmutter Henriette Katharina. Diese nannte ihren Enkel voller Liebe «Lutz». Da auf dem Schloss oft viele Gäste zu Besuch und wenig Platz vorhanden war, schlief Lutz im Kabinett, dem Nebenzimmer der Landvögtin Henriette Katharina. So hörte er sie laut eigenen Aussagen beten und auch vor dem Schlafengehen singen. Zu den Gästen von Grosshennersdorf gehörten die Theologen Philipp Jakob Spener, Paul Anton, August Hermann Francke und Karl Hildebrand von Canstein, denen auch der junge Graf begegnete. 1710 wurde er in das Pädagogium Regium in Halle geschickt. Der Familienrat hatte dies entschieden, ohne Henriette Katharina einzubeziehen, die sich daraufhin schweren Herzens fügte. Dies fiel ihr wohl etwas leichter, da Halle damals als die fortschrittlichste Schulanstalt überhaupt galt. Viele Lehrer wurden in Halle ausgebildet und gehörten daraufhin in ganz Europa zu gefragten Lehrpersonen. Da Zinzendorf der erste Junge aus dem Hochadel in Halle war, stellten sich ganz neue Fragen bezüglich seiner Unterbringung, Erziehung und Ausbildung und so erhielt er einige Sonderprivilegien. Doch auch in der sich für Zinzendorf eher schwierig gestaltenden Zeit in Halle setzte sich die Grossmutter für ihn ein. Obwohl Heimaturlaub nicht in das pädagogische Konzept von Francke passte, konnte Henriette Katharina 1713 eine Reise ihres Enkels nach Grosshennersdorf erwirken. Diese fand im Juni 1713 statt und wurde von Henriette Katharina mehrfach bis zum 10. September verlängert. Der junge Zinzendorf führte zwischen Mai 1716 und März 1719 ein Tagebuch, das er gelegentlich seiner Grossmutter zu lesen anvertraute: «Hier sprach er sich ganz ungeschminkt über Stimmungen, Erfahrungen, Enttäuschungen, Kämpfe und Ziele aus.»[6] Auch in der Studienzeit Zinzendorfs in Wittenberg nahm Henriette Katharina Einfluss auf Regelungen, die Zinzendorfs Erziehung und Stundenplan betrafen.

Neben Zinzendorf erzog Henriette Katharina auch ihre Grossnichte Johanna Magdalena von Gersdorf. Henriette Katharina ermöglichte ihr eine gute Bildung in den Sprachen Latein, Griechisch und Französisch und förderte ihr dichterisches Talent. Johanna Magdalena dichtete geistliche Lieder und wurde 1740 Hofdame der Erbprinzessin von Dänemark in Kopenhagen, bevor sie 1742 den Hofmarschall des Herzogs von Sachsen-Seefeld, Freiherr Rudolf von Geusau, heiratete.

Im März 1703 wurde in Halle das Gynäzeum aufgelöst, nachdem es nur fünf Jahre lang Mädchen ausgebildet hatte. Trotz des gescheiterten Projekts des Gynäzeums hat Henriette Katharina die höhere Frauenbildung nicht gänzlich aufgegeben. In Halle wurde 1704 ein Frauenstift neu ‹nur› für adlige Frauen gegründet. Es stand neben den mehrheitlich unverheirateten Adligen auch bemittelten Witwen und Waisen sowie aus Glaubensgründen vertriebenen Mädchen höheren Standes offen. Finanziell wurde es vor allem durch den Brandenburger Geheimen Rat Samuel von Chwalkowski unterstützt. Henriette Katharina beteiligte sich an diesem Projekt, indem sie ab 1704 die Hausmiete übernahm und 1706 den Hauskauf bezahlte. In den Jahren 1698 bis 1727 wurden in den Halleschen Erziehungsanstalten etwa einhundert Mädchen unterrichtet, wozu Henriette Katharina einen grossen Beitrag geleistet hatte.

Mit ihrem älteren Bruder Heinrich von Friesen gründete Henriette Katharina im Jahr 1705 nach längerer Planung das Magdalenenstift in Altenburg. Den Namen für das Stift gab Herzogin Magdalena Sybille, die auch den Grundstein des Gebäudes gelegt hatte. Schon 1701 erhielt Henriette Katharina für dieses Projekt 6'000 Taler vom Herrn von Haugwitz. Ein unvollendetes Schloss wurde durch eine Spende von Herzog Friedrich II. von Gotha, mit zusätzlichen Geldern von Henriette Katharina zum Stiftgebäude umgebaut und bewohnbar gemacht. Auch diese Einrichtung stand, wie die des halleschen Frauenstiftes, nur adligen Frauen offen. Francke sah in diesem Mädchenausbildungsort eine Konkurrenz zu seinem eigenen Projekt in Halle, weshalb er die Freifrau bewegen wollte, ausschliesslich in Halle zu investieren. Doch Henriette Katharina gab nicht nach und das Magdalenenstift wurde 1705 eröffnet. Neben der Ausbildung von acht- bis sechzehnjährigen noch unverheirateten Mädchen gab es auch Platz für Witwen in

Altenburg. Vermittelt wurde den Mädchen Lesen, Schreiben, Rechnen, Geografie, Geschichte sowie alte und neue Sprachen. Im Gegensatz zur Situation in Halle konnten sich die Frauen hier freier bewegen und beispielsweise Ausflüge in die Stadt unternehmen.

Ihrem Enkel Zinzendorf verkaufte Henriette Katharina 1722 das Rittergut Berthelsdorf, worauf im selben Jahr die neue Siedlung Herrnhut von mährischen Glaubensflüchtlingen gegründet wurde. Das kam so: Drei aus Mähren vertriebene protestantische Flüchtlingsfamilien baten unter der Führung von Christian David den Grafen Nikolaus Ludwig von Zinzendorf um Aufnahme in Berthelsdorf. Da das Ehepaar von Zinzendorf auf Reisen war, als diese Flüchtenden in der Oberlausitz ankamen, liess sie Henriette Katharina im Ort Lehngut an der Grenze zu Rennersdorf provisorisch unterbringen. Sich um die Ernährung der Familien und deren Kinder sorgend, schickte Henriette Katharina den Flüchtlingen eine Kuh, damit diese frische Milch zur Verfügung hatten. Nach längerer Beratung wurden die Familien an der belebten Strasse von Löbau nach Zittau auf einem Hügel angesiedelt, in der Hoffnung, dass sie dort ihre handwerklichen Erzeugnisse verkaufen können. Die neue Siedlung, die zwischen Juni und Oktober 1722 auf dem Hutberg entstand, erhielt den Namen Herrnhut. Über die Jahre wuchs Herrnhut durch die Ankunft von Glaubensflüchtlingen unterschiedlicher Frömmigkeitstraditionen, darunter böhmische Brüder oder erweckte Lutheraner und Reformierte. Im Jahr 1725 spendete Henriette Katharina für den Ausbau von Herrnhut 2'000 Taler.

Im Alter von 77 Jahren starb Henriette Katharina am 6. März 1726 in Grosshennersdorf in der Oberlausitz. Während der letzten zwölf Jahre ihres Lebens hatte sie ihr Gut kaum mehr verlassen. Zur Beerdigung, die am 15. März 1726 stattfand, dichtete ihr Enkel Zinzendorf das Lied *Die Christen gehn von Ort zu Ort gerade durch den Jammer.* Den Druck der gesamten Bibel in sorbischer Sprache im Jahr 1728 erlebte Henriette Katharina nicht mehr. Doch in der Vorrede der sorbischen Bibel wird sie als ‹Verlegerin› gewürdigt. Nach ihrem Tod wurde 1729 in Halle eine Sammlung von ihren Liedern und Betrachtungen durch Paul Anton, einem der bedeutendsten halleschen Theologen, veröffentlicht.

‹Werdegang› der Frömmigkeit

Henriette Katharinas literarische Hauptschaffensperiode ist abgesehen von ihren frühen poetischen Texten ihre Witwenzeit in Grosshennersdorf. Neben ihren Werken und Briefen liegen Fremdberichte vor, die Zeugnis ihrer Frömmigkeit und Gelehrtheit geben. Schon früh wurde neben ihrem dichterischen Können und ihrer Bildung auch ihre Gottesfurcht gelobt. Friedrich Rappolt, Professor der Poesie in Leipzig, betonte dies in einer *Laudatio* von 1664: «[...] ein Mädchen, über das bei ihrem Geschlecht und in ihrer Zeit übliche Mass hinaus gottesfürchtig und gebildet [...]»[7] Durch die Heirat mit Nikol von Gersdorf erhielt Henriette Katharina neben der Rolle als Gelehrte und Dichterin neue Aufgaben als Ehefrau, Mutter und Hausherrin. In dieser Lebensphase zeigte sich Henriette Katharinas fromme Glaubenshaltung sowohl privat in der Erziehung ihrer Kinder als auch öffentlich in ihrem Dienst als Förderin sozialer Projekte, ihrem politischen Einsatz für religiöse Toleranz, Institutionalisierung von Mädchenbildung und für die Minderheit der Sorben.

Der Tod ihres Mannes 1702 riss eine grosse Lücke in Henriette Katharinas Leben und brachte eine Glaubenskrise mit sich, in der sie Gott um die Neuaufrichtung ihres Glaubenslebens bat. Mit dem Umzug nach Grosshennersdorf begann auch örtlich ein neuer Lebensabschnitt. Über die Bedeutung und den Stellenwert ihres Ehemannes in ihrem Leben schrieb Henriette Katharina kurz nach dessen Tod an Spener:

> Die größte glück seeligkeit u. das einige vergnügen unsers Ehestandes, hat darinnen bestanden daß unsere herzen in Gott verbunden gewesen, daß unser gebet u. flehen aus einem herzen u. munde zu ihm in die höh gestiegen daß der liebreiche umbgang den ich mit seiner lieben person nun im 31ten jahr genoßen eine stetige erbauung meines Christenthums in freud u. leidt gewesen.[8]

Dieses kurze Zitat umschreibt eindrücklich die Beziehung des Ehepaares und die grosse Bedeutung, die Gott wie auch dem gemeinsamen Beten, Flehen und der gegenseitigen Ermutigung und Erbauung beigemessen wurde. Aufgrund der Anzahl und des Inhalts der Briefe, die sich die Ehepartner schrieben, wenn sie voneinander getrennt waren, kann die Beziehung der beiden als innig und vertraut beschrieben werden. Die durch den Verlust Nikols ausgelöste Krise widerspiegelte sich im Briefwechsel mit Francke: Während Henriette Katharinas Briefe vor 1702 vor allem sachlich gehalten waren und sich um konkrete und praktische Anliegen drehten, begann sie nach dem Tod ihres Mannes vermehrt Persönliches, wie beispielsweise ihr Befinden, mitzuteilen. Trotz des Besuchs Franckes im Jahre 1704 – Henriette Katharina konnte sich auch nicht mehr in gleichem Masse wie die Jahre zuvor als Gönnerin in Halle betätigen – verlor diese Beziehung zunehmend an Bedeutung. Der Briefkontakt brach schliesslich 1722 ganz ab. In den letzten Lebensjahren Henriette Katharinas gehörten morgendliche und abendliche Hausandachten sowie häusliches Singen zum festen Tagesablauf auf ihrem Witwensitz in Grosshennersdorf. Ihr waren regelmässige Gottesdienste und festgelegte Andachtszeiten für das gesamte Haus und somit standesübergreifend ein wichtiges Anliegen. Sonntage und Feiertage wurden mit der Dorfbevölkerung verbracht.

Thematisch lässt sich eine Verschiebung feststellen zwischen ihren frühen Werken, die auch viele weltliche Gelegenheitsgedichte beinhalteten, und ihren späteren Werken, die sich fast ausschliesslich mit christlichen Fragen beschäftigten. Der Schwerpunktverschiebung von weltlichen zu religiösen Themen entsprechen auch die unterschiedlichen Druckorte ihres ersten und ihres letzten Werkes: Wittenberg als Hochburg der lutherischen Orthodoxie und Halle als ein Zentrum der pietistischen Bewegungen. In diesem Zusammenhang scheint es wichtig zu erwähnen, dass es seit Beginn des Pietismus über die Vorstellung der religiösen Erneuerung grosse Unterschiede gab – exemplarisch sichtbar an den unterschiedlichen theologischen Profilen pietistischer Denker wie Spener, Francke und Zinzendorf. Gerade Henriette Katharinas eigenständiges theologisches Profil ist diesbezüglich bemerkenswert und soll im folgenden Abschnitt entfaltet werden.

Charakteristisch für die Erneuerungsbewegung des Pietismus ist die Zunahme an Gebets-, Lieder- und Erbauungsbüchern, die mittels ihrer biblischen Inhalte das tägliche Leben prägen sollten. Henriette Katharina hat sich dabei als Verfasserin von Erbauungsliteratur betätigt. Das eigene Glaubensleben wird zum Grund und zum Ziel der Interpretation biblischer Narrative. In der nach ihrem Tod herausgegebenen Schrift *Geistreiche Lieder und poetische Betrachtungen* findet sich, wie der Name bereits verrät, eine ganze Sammlung von Liedern und Betrachtungen. Im Lied bei der Nummer 66, *Vom Vertrauen auf Gott und der Freudigkeit des Glaubens,* schrieb Henriette Katharina in den Versen 3 bis 5:

3. Sein treues Vater-Herz ermüdet nicht zu tragen mit Sanftmuth und Geduld des blöden Herzens Zagen, und stärckt stets unvermerckt, wenn nicht so bald geschicht die Rettung, so man sucht, die schwache Zuversicht.

4. Wenn denn die Stunde kommt, die er zur Hülf erwehlet, da er die Hoffnungs-Zeit hat weislich abgezehlet, so kommt sie recht gewünscht, und sieht man offenbar die Weisheit des Verzugs, der uns so furchtsam war.

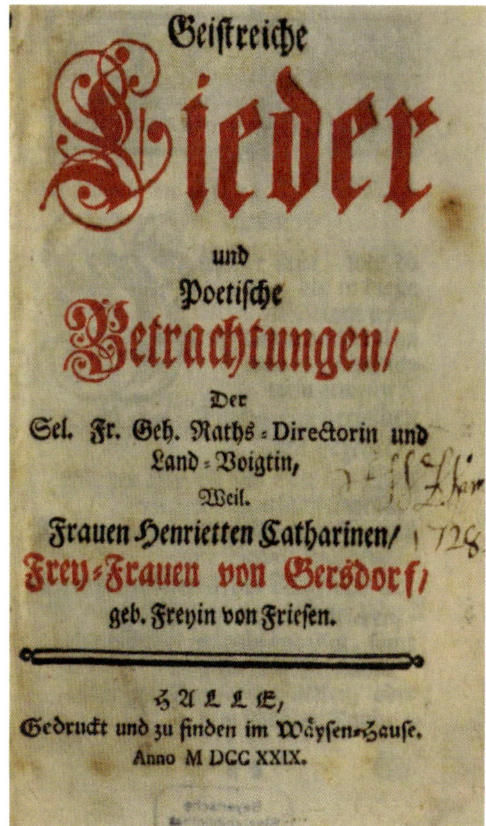
Geistreiche
Lieder
und
Poetische
Betrachtungen/
Der
Sel. Fr. Geh. Raths-Directorin und
Land-Voigtin,
Weil.
Frauen Henrietten Catharinen/
Frey-Frauen von Gersdorf/
geb. Freyin von Friesen.

HALLE,
Gedruckt und zu finden im Wäysen-Hause.
Anno M DCC XXIX.

Abb. 10: Titelblatt der *Geistreichen Lieder* (Halle 1729) von Henriette Katharina von Gersdorf.

5. O! Wer ist so ein Herr, wie unser Gott der Götter, so gnädig, weis und fromm, ein Helfer und Erretter, der alle Hülfe thut, und stets zur rechter Zeit, der niemand ie versäumt, der gläubig zu ihm schreyt.[9]

Diese Liedstrophen geben einen Eindruck von Henriette Katharinas Frömmigkeit und Gottesbild. Der individuell gelebte und erlebte Glaube wird im Pietismus als Antwort auf die als erstarrt empfundene Orthodoxie zunehmend wichtiger. In der Schrift *Heilsame Betrachtung* (1665) und auch in vielen poetischen Texten formuliert Henriette Katharina ihre persönliche Jesus-Frömmigkeit und die Betonung des subjektiven Glaubensvollzugs. Im Lied *Von der Liebe zu Gott* beschreibt sie ihre Beziehung zu Jesus Christus als eine Liebesbeziehung und verwendet dazu das Bild von Braut und Bräutigam. Damit deutet sie das neutestamentliche Bild von Christus und seiner Braut, der Gemeinde, um und greift damit die Tradition der Brautmystik auf.[10] In der sechsten Strophe in *Von der Liebe zu Gott* schreibt Henriette Katharina:

> 6. Auch hab allhier mit deiner schwachen Braut, mein Jesu, doch Geduld; und bleib ihr günstig, wenn ihre Liebe nicht sich hier so brünstig als sie, die du aus Gnaden dir vertraut, verpflichtet ist, stets gegen dich erzeigt. Nimm gnädig an den redlich treuen Willen; und weil er leichtlicht auch zum Heucheln ist geneigt, so wollst du ihn stets selbst mit Lauterkeit erfüllen.[11]

Da die persönliche Heilsgeschichte im Pietismus zunehmend an Wichtigkeit gewinnt, wird damit in einigen pietistischen Strömungen auch die Forderung nach einem persönlichen Bekehrungserlebnis laut. Während sich im 18. Jahrhundert eine Tendenz zur Standardisierung des Bekehrungsvorgangs abzeichnet, findet sich weder in Henriette Katharinas Schriften noch in ihren Korrespondenzen ein persönliches Bekehrungserlebnis, das sich zeitlich oder räumlich festmachen liesse. Anfechtung, Zweifel und die Bitte um Gottes Nähe und Tragen sind Teile von Henriette Katharinas Gebeten und ihrem Leben als gläubige Frau. Dies wird in dem 18 Strophen umfassenden Lied *Vom geistlichen Kampf und Sieg* deutlich:

> 4. Mein Beten ist voll zweiflender Gedancken,
> wenn gleich dein Wort und Trost erschallt,
> so ist und bleibt mein Glaube doch voll Wancken,
> mein Herze scheinet todt und kalt:

Es ist so voll Angst und Zagen,
und ganz in sich selbst verwirrt,
ich kan kaum mich selbst vertragen;
so gar ist mein Sinn verirrt. [...]

14. Ach! stärcke, Herr, das Wollen und das Können,
und gib mir den gewissen Geist,
daß ich mich wieder freudig dein kan nennen,
und glauben, wie dein Wort michs heißt!
Kan ich dich nicht veste halten,
desto vester halt du mich:
Laß mein Herz nicht ganz erkalten,
bis mein Glaub' erholet sich. [12]

Diese Thematisierung von Zweifel und Glaubensschwäche kann als Abgrenzung zur Theologie Franckes verstanden werden, da dieser den mit Zweifeln einhergehenden Busskampf nur vor der Bekehrung und damit nicht im christlichen Glauben verortet. Wie der folgende Liedausschnitt zeigt, konnte Henriette Katharina auch offen mit Gott über ihre Zweifel, Nöte und Ängste sprechen, weil sie überzeugt war, dass Gott sie kennt und in seinem Wort auffordert, alle Sorgen auf ihn zu werfen. Im *Gebet um wahre Weisheit und Klugheit* wird auch Henriette Katharinas freier dichterischer Umgang mit biblischen Texten – wie folgend mit 1Pet 5,7 – verdeutlicht:

1. Mein Gott, dem nichts ist verborgen, was ich dencke red' und thu,
dessen Liebe meine Sorgen mich, zu meinem Trost und Ruh,
auf dich heisset werfen hin, wann mein blinder Menschen-Sinn,
was zu thun sey und zu lassen, keinen Rath noch Schluß kan fassen.[13]

Als Gegenbewegung zum Dogmatismus der lutherischen Orthodoxie lässt sich in pietistischen Kreisen zur Zeit Henriette Katharinas eine Emotionalisierung der Frömmigkeit feststellen. Ihre Schrift *Heilsame Betrachtung* ist geradezu exemplarisch für eine solche Emotionalisierung, insbesondere in sprachlicher Hinsicht, wie die Forderung nach einer Antwort auf die Passionsgeschichte in Form von Tränen und Busse zeigt. Gleichzeitig grenzte sich Henriette Katharina gerade in ihren Briefen gegen die mystisch-spiritualistischen Strömungen des Pietismus ab: Jede unmittelbare Willensbekundung Gottes müsse sich an Gottes Wort, den biblischen Schriften, prüfen lassen.[14]

Es gibt keine Quellen, die bestätigen würden, dass Henriette Katharina Hausgemeinden oder Konventikel besucht hätte; auch sind keine separatistischen Züge erkennbar. In der Zeit, als Hausgemeinden entstanden, die nur von Laien getragen wurden, kritisierte Henriette Katharina an Franckes Stiftungen, dass Kinder ohne Anleitung die Bibel lesen würden, da dies ihr zufolge auch Schaden – durch Unverstehen oder Missverstehen – anrichten könne. Damit bewegt sie sich im Rahmen der protestantischen Orthodoxie. Aber die Forderung nach Orthopraxie, d. h. nach rechtem Handeln – als Pendant zur Rechtgläubigkeit – prägte Werk und Biografie von Henriette Katharina. Die Bibel soll nicht nur gelesen, sondern auch verstanden und praktisch umgesetzt werden, dazu helfen sollen beispielsweise die Passionsmeditationen Henriette Katharinas. Wir finden bei Henriette Katharina auch den Anspruch, aus biblischen Geschichten zu lernen. Biblische Figuren werden literarisch als Vorbilder dargestellt. Dies geschieht beispielsweise in der Schrift *Heilsame Betrachtung*, indem Jesu Gebete[15] Anlass zur Nachahmung in schweren Situationen geben sollen. Petrus und Judas hingegen fungieren als negative Vorbilder für den Betrachter.[16]

Lesen, Schreiben und Besitzen von Büchern

Es war der ausdrückliche Wunsch des Vaters Carl von Friesen, dass Henriette Katharina mit ihren Brüdern zusammen unterrichtet wurde. So erhielt die junge von Friesen ihre breite und tiefe Bildung, für die sie später bekannt wurde. Das Schloss Rötha südlich von Leipzig, in dem Henriette Katharina aufwuchs, verfügte über eine Bibliothek mit 10'000 Bänden. Ihr Vater war es, der sie in seine Welt, die Welt der Gelehrten, einführte.

Henriette Katharina stand schon früh in brieflichem Kontakt mit Theologen und Gelehrten. Sie verfasste als ledige Frau Gelegenheitsgedichte in lateinischer und auch in deutscher Sprache. Mit ihren Gedichten erlangte Henriette Katharina bereits als junges Mädchen ersten Ruhm – man denke an das Zeugnis von Friedrich Rappolt. Was der Vortrag von deutschen Gedichten der 18-jährigen Henriette Katharina bei Daniel Georg Morhof, Professor der Geschichte und Bibliothekar der Universität Kiel, auslöste, hielt er in einem ursprünglich in Latein verfassten Gedicht fest:

> Du erlangst das Lob, das gelehrten Dichter zusteht, Dich nimmt Apollo unter seine Musen auf. Wie lauschte ich voll Verehrung dem süßen Flus Deiner Dichtung, wie glasklarer Honig strömt sie von Deinen Lippen [...] Welch gewandte Sprache gießt Deine Hand über die Seiten – ein Geschenk das Du Deiner Zeit und den Männern machst.[17]

Johann Erich Ostermann, Dichter und Philologe in Wittenberg, war von ihrem Talent schliesslich so begeistert, dass er sie mit bedeutenden Poetinnen verglich:

> Welcher Redner wird später noch von der gelehrten Genebria, wer von Hildegard, wer von Morella, der leuchtenden Zierde Frankreichs, sprechen, wenn doch die späteren Jahrhunderte

> HENRIETTA, vom Geschlecht der großartigen FRIESEN, zu bewundern haben?[18]

Diese kühne Prophezeiung über die Rezeptionsgeschichte von Henriette Katharinas Werk hat sich, wie wir wissen, allerdings nicht auf diese Weise erfüllt. Ihre Gelehrsamkeit und umfassende Bildung ist nach ihrem Ableben bald in Vergessenheit geraten, obwohl Henriette Katharina in mehreren Frauenlexika der Frühen Neuzeit Einträge gewidmet waren, so beispielsweise in *Vom gelehrten Frauenzimmer* (1686; ^{2}1701) von Johann Andreas Planer, in *Teutschlands Galante Poetinnen* (1715) von Georg Christian Lehms und im *Frauen-Lexikon* (1715). In Christian Franz Paullinis Werk *Hoch- und Wohlgelahrtes Teutsches Frauenzimmer* (1712) wird Henriette Katharina gar als «Hoch-Gelahrt»[19] beschrieben, dort wird auch festgehalten, dass sie seiner Meinung nach zusammen mit drei anderen Frauen sogar einen Doktortitel verdient hätte. Obschon gebildete Frauen in den Frauenlexika gelobt wurden, blieben sie doch von öffentlicher Bildung und professionellen Tätigkeiten in Bildungseinrichtungen ausgeschlossen. Mit der Fortführung der Debatte um die Bildungsmöglichkeiten der Frauen ging es nicht mehr ausschliesslich um die Frage, ob Frauen überhaupt zu höherer Bildung fähig seien, sondern immer mehr um die Umsetzung der Förderung der Frauenbildung.

Heilsame Betrachtung

Die Schrift *Heilsame Betrachtung, Der Gnaden- und Trostreichen Historie, Von dem seligmachenden Leiden und Sterben Unseres Heylandes JESUS CHRISTUS* (Wittenberg 1665) wurde ursprünglich zur eigenen Erbauung des Glaubens gedichtet. Als Verfasserin wurde «eine Liebhaberin der Teutschen Poesie, H.K.F.V. F.», angegeben. Das Werk ist eine Passionsmeditation, ja eine umfassende Beschäftigung mit der Passion Jesu Christi. Die ausgedehnte Darstellung des Leidens Christi spiegelt eine verstärkte Passionsfrömmigkeit wieder, wie sie

Heilsame Betrachtung
Der Gnaden- und Trostreichen Historie
Von dem seligmachenden
Leiden und Sterben
Vnsers Heylandes
JESV CHRISTI/
Zu eigener Erbauung
auffgesetzet
Durch eine Liebhaberin der Teutschen
Henriette Catherine Freyin Poësie von Friesen
H. C. F. V. F.
Wittenberg/
Gedruckt bey Matthæus Henckeln
Im Jahr 1665.

Abb. 11: Titelblatt der *Heilsame Betrachtung […] von dem seligmachenden Leiden und Sterben unseres Heylandes Jesu Christi* (Wittenberg 1665), verfasst von Henriette Katharina von Gersdorf.

zu Lebzeiten Henriette Katharinas nicht unüblich war. Ungewöhnlich ist hingegen, dass Henriette Katharina in ihrer Schrift als Frau Bibelauslegung betreibt. Die Schrift *Heilsame Betrachtung* ist als fortlaufende Dichtung im Paarreimschema verfasst. Die eigentliche Handlung setzt nach einer Einleitung mit impliziten Bezügen zu alttestamentlichen Personen ein und beginnt dann mit Jesu Abendmahl im Kreis der Jünger. Henriette Katharina schildert die letzten Stunden Jesu detailliert, indem sie eine Verschachtelung der vier Evangelien anfertigt und somit die unterschiedlichen Berichte zu einer Erzählung zusammenwebt. Der Weg zum Ölberg, die Gebete in Gethsemane wie auch die Verleugnung durch Petrus und

Judas' Verrat werden dichterisch verarbeitet. Erst etwa in der Hälfte der Schrift wird Jesu Tod dichterisch beschrieben. Das Motiv der Tränen aber findet sich schon im ersten Vers des durchgehenden Gedichts und zieht sich durch den gesamten Text:

> Wo seyd ihr Trähnen doch? Was ist's/ das euch verweilet?
> Daß ihr nicht alsobald zu flüssen häuffig eilet?
> Ihr Schmertzen Töchter kommt! Ach/ ach was stutzet ihr?
> Rinn't aus dem Augen paar mit aller Macht herfür! [...]
>
> Denn jetzt ist eine Zeit zu trauren und zu klagen/
> Weil meines Jesu Todt/ sein Zittern/ Angst und Zagen
> wird jetzo widerhohl't. Ich mach ihm solche Pein
> Durch meine Schuld/ solt das nicht zu beweinen seyn?[20]

Dieser Textausschnitt aus der ersten Seite des Drucks legt die Intention des Gedichts, die Seele des Betrachters der Passion Christi zu «busshaften Tränen»[21] zu bewegen, offen. Dass hier das Zittern, die Angst und das Zagen Jesu auf den oder die Betrachterin der Schrift bezogen wird, wiederholt sich im Gedicht nicht nur mit dem Leiden Christi, sondern auch mit dem Handeln der Jünger. Immer wieder werden Elemente der Passion Christi auf eine persönliche Bedeutung und Aussage für die gläubigen Leserinnen und Leser bezogen und nach seinem pädagogischen Wert fragend ausgelegt. Das Gedicht thematisiert die Ostergeschichte – wie die Passionszyklen des Spätmittelalters – nicht explizit. Das Gedicht schliesst dennoch nicht in finsterer Düsterheit, weil Henriette Katharina den Tod Jesu als positives Geschehen auslegt: Jesu Sterben ist nicht umsonst, sondern geschieht zum Heil und zur Befreiung des Menschen und ist so auch für sie persönlich bedeutsam.

> Durch deines Leidens-Krafft/ daß ich vor deine Pein/
> Dir meines Lebens Heil/ könn' ewig danckbar seyn.

Sey ewiglich gelobt/ du meines Lebens-Leben/
Daß du dein Leben hast/ vor mich/ in Todt gegeben/
Du läst verkauffen dich/ HErr/ umb ein schnödes Geld/
Daß du mich machest frey/ vo'm Fürsten dieser Welt.
Dir sey Lob- Preiß- und danck/ daß du dich lassen höhnen/
Verspotten jämmerlich und auch mit Dornenkrönen/
Daß du die Ehren-Kron und deine herrligkeit
Mir durch die Dornen Kron' erworben und bereit.[22]

Trotz des wiederholten Aufrufs zu Tränen und Busse gibt es für Henriette Katharina am Ende der Schrift Grund zu Freude und Dankbarkeit.

Geistliche Singstunden

1725 erschien in Löbau die Schrift *Geistliche Singstunden*, die eine Auswahl von 79 Liedern aus der Hand Henriette Katharinas umfasste. Nebst neuen Kirchengesangbüchern entstanden im 18. Jahrhundert viele Gesangbücher für den häuslichen Gebrauch, die oft Lieder mit vielen Strophen und langen Titeln beinhalteten. Während Henriette Katharinas Lebenszeit wurden einige ihrer Lieder in die Gesangbücher von Lünebeck (1696), Darmstadt (1698), Halle (1704) und Berlin (1711) aufgenommen. Heute finden sich nur noch vier ihrer Lieder im Liederbuch der Herrnhuter Brüderunität.

Geistreiche Lieder und poetische Betrachtungen

Eine Schrift mit gesammelten Werken Henriette Katharinas wurde 1729 veröffentlicht. Als Verfasserin wird hier im Gegensatz zur frühesten Veröffentlichung der gesamte Name mit Titeln angegeben: «Sel. Fr. Geh. Rahts-Directorin und Land-Voigtin, Weil. Frauen Henrietten Catharinen, Frey-Frauen von Gersdorf, geb. Freyin von Friesen.»[23] Der Theologe Paul Anton schrieb das Vorwort für diese Schrift. Diese durch ihn angefertigte Sammlung literarischer Werke Henriette Katharinas umfasst beinahe 900 Seiten und lässt sich in fünf grosse Einheiten gliedern.

Die erste Einheit besteht aus 99 Liedern und umfasst mehr als 250 Seiten. Es handelt sich dabei um fromme Gedichte, die Glaubensfragen im Alltag reflektieren. Es gibt darin Loblieder, die zum Lob Gottes in verschiedenen Alltagssituationen ermutigen, so beispielsweise Lieder zum *Lobe Gottes am Morgen, am Abend, am Geburtstag* oder *für verliehenen Sonnenschein.*[24]

Als zweite Einheit schliessen Betrachtungen über Sonn- und Festtagsevangelien an. Das gesamte Kirchenjahr wird mit einer Bibelbetrachtung ausgestattet. Es sind 50 Betrachtungen zusammengestellt, die mit vier Adventsonntagsbetrachtungen beginnen und wichtige christliche Feiertage wie Palmsonntag und Ostern, aber auch Neujahr mit zur persönlichen Auseinandersetzung anregenden Texten versehen. Jedem Titel der Betrachtung wird eine Bibelstelle aus den Evangelien angefügt; so auch der Anfang der Betrachtung für den dritten Advent.

> Am III. Heil. Christ Tage. Ev. Joh. 1/1–14.
>
> O Jesu! wahres Licht der Welt, du Glanz der Herrlichkeit des Vaters,
> Der du nach deinem eignen Rath, als unsers einigen Berathers,
> Nachdem die Zeit erfüllet war, die sterbliche Natur annahmst,
> Und in die finstre Sünden-Welt, die Menschen zu erhellen kamst![25]

Die Länge der als Gedichte gestalteten Betrachtungen reicht von vier Versen bis zu mehreren Seiten. In Versform werden Überlegungen zu einzelnen Lebensstationen Jesu dargestellt. Für Henriette Katharina scheint es auch hier wichtig, einen Bezug zum Lebensalltag und zur persönlichen Frömmigkeit herzustellen.

Die dritte grosse Einheit bilden die Passionsbetrachtungen. Sie sind vornehmlich in Sonettform gehalten und haben die letzten Tage des Lebens Christi zum Inhalt. Die erste Betrachtung spielt im Kreis der Jünger beim letzten Passahmahl Jesu.

Am Ende werden die Grablegung Christi und die Bewachung des Grabes durch die Wächter beschrieben. Die Wächter werden Henriette Katharina zufolge gegen ihre eigene Intention zu den ersten Zeugen und zwar nicht nur von der Erniedrigung Christi, sondern auch von dessen Erhöhung. Obwohl Christus am Ende der Dichtung ins Grab gelegt wird, schreibt Henriette Katharina: «Dieser Todte habe Macht, selbst vom Tode zu erwachen: Weil ihm über Tod und Leben die Gewalt gebührt allein.»[26] In diesem Abschnitt des Sammelwerkes finden sich auch zwei Passions-Sonette, «Petri Vermessenheit»[27] und «Judas verzweifelt»[28], die schon von einem Zeitgenossen Henriette Katharinas, dem deutschen Dichter Georg Christian Lehm, ganz besonders gerühmt wurden.

Die *Neujahrsgedanken* bilden eine vierte Einheit. Sie sind zwischen 1711 und 1725 datiert. Für das Jahr 1711 sind gleich zwei Betrachtungen gedruckt: eine für den Anfang und eine andere für das Ende dieses Jahres. Für die Jahre 1712–25 finden sich, ausgenommen von 1717 und 1722, Betrachtungen für den Anfang eines jeden neuen Jahres. Dazwischen gibt es auch einige undatierte Neujahrsbetrachtungen. So lautet der Beginn der Betrachtung zum Ende des Jahres 1721:

> Auch das jetzt beschloßne Jahr heißet mich mit Dancken kommen
> Vor dein heilig Angesicht, Herr, mein Gott! Schutz, Rath und Kraft!
> Der du meiner abermal dich so hertzlich angenommen,
> Und mir unermüdet hast Hülfe, Schutz und Rath geschafft.[29]

Als fünfte und letzte Einheit sind unter *Unterschiedliche Geistliche Betrachtungen* sieben Betrachtungen zusammengestellt. Unter anderem werden die Gabe des Heiligen Geistes und Gal 1,4 zum Thema gedichtförmiger Reflexion genommen.

Bildungsschriften

Es sind zwei Bildungsbriefe[30] von Henriette Katharina überliefert: ein *Bildungsbrief Wittenberg,* auf den 24. Juni 1696 datiert, und ein *Bildungsbrief Meissen*, um 1673 entstanden. Der *Bildungsbrief Wittenberg* umfasst 21 Seiten und ist an Henriette Katharinas 16-jährigen ältesten leiblichen Sohn Gottlob Friedrich gerichtet, der zum Studium an die Universität Wittenberg geschickt wurde. Er beinhaltet die Ermahnung zu tugendhaftem und gottesfürchtigem Leben. Henriette Katharina spricht Warnungen vor den Lastern *superbia* (Hochmut), *acedia* (Trägheit) und *voluptas* (Lust) aus. Der *Bildungsbrief Meissen* wurde an die Kurfürstliche Landesschule St. Afra geschickt. Der erste Teil dieser Schrift wendet sich an Johann George, Nicols Sohn aus erster Ehe, der auch von Henriette Katharina als lieber Sohn angesprochen wird, der zweite Teil an den Hauslehrer. Henriette Katharina verbindet in diesen Briefen verschiedene bekannte pädagogische Schriftstile wie Pflichtenlehre, Fürstenspiegel und Studieninstruktion. Auffällig ist dabei eine ungewohnte Mutter-Sohn-Perspektive, da Bildungsbriefe meist von Vätern an ihre Söhne versendet wurden. Zudem betont sie Frömmigkeit und eine christlich-tugendhafte Lebensführung. Wie in anderen Bildungsschriften aus jener Epoche stellen die Tugenden ein wichtiges Thema dar.

Wirkung

Henriette Katharina wurde in ihrer Zeit als eine aussergewöhnliche Frau wahrgenommen, wie die vielen lobenden Worte ihrer Zeitgenossen verdeutlichen. Dabei wurde sie von ihrem Vater, ihrem Bruder und ihrem Ehemann unterstützt. Ihr Vater Carl von Friesen bezahlte wohl den Druck ihrer Schrift *Heilsame Betrachtung*, oder gab zumindest sein Einverständnis; ohne dasselbe wäre an eine Veröffentlichung kaum zu denken gewesen. Ihr Bruder Heinrich von Friesen unterstützte sie im Aufbau

Abb. 12: Darstellung von Herrnhut (um 1800).

des Frauenstifts in Altenburg. Das innige Verhältnis zu ihrem Ehemann Nikol von Gersdorf und die Tatsache, wie schwer Henriette Katharina unter seinem Verlust litt, zeigt, wie wichtig die beiden füreinander waren in Leben, Werk und Wirken.

Die Erwähnung des Einflusses von Henriette Katharina auf ihren Enkel Nikolaus Ludwig Graf von Zinzendorf, der als Begründer der Herrnhutter Brüderunität in die Geschichte eingegangen ist, und dessen Erziehung darf nicht unterlassen werden. In den ersten zehn Jahren seines Lebens lebte er bei seiner Grossmutter, und – wohl bis zu ihrem Tod 1726 – blieb sie eine wichtige Bezugsperson. Die grosse Dankbarkeit für das Vorbild seiner Grossmutter zeigt sich in einem Gedicht Zinzendorfs, das er zu ihrem letzten Geburtstag verfasste:

> Du theure Jüngerin! Dein Wandel und Bezeigen
> Hat mich und andre mehr zu Jüngern zugericht't:
> Wie kann ich dann itzund von Christo stille schweigen,
> Da deine ganze Art von Christo Jesu spricht![31]

Obwohl Henriette Katharina schon in jungen Jahren von Professoren gelobt wurde und in mehreren Frauenlexika Erwähnung fand, ist sie weitgehend in Vergessenheit geraten. Vielleicht liegt das auch am langen Schatten ihres berühmten Enkels Graf von Zinzendorf. Henriette Katharina war eine gebildete Frau, die uns in ihrem literarischen Schaffen einen Einblick in ihr innerstes Glaubensleben gewährt. Sie lebte – mit Mann, Kind, Haus und Gut – weltoffen und setzte sich aktiv für Glaubensflüchtlinge, die Institutionalisierung von Mädchenbildung sowie die Minderheit der Sorben ein; gleichzeitig kannte Henriette Katharina auch die Weltabgeschiedenheit, in der ein Grossteil ihrer Lieder und Gedichte entstand. Paul Anton fasst diese beiden Wirkungsbereiche in seinem Vorwort wie folgt zusammen: «Ihr bewährtes Mittel war: Beten / Glauben / Stille seyn / Und auf Ihres Gottes Winck weder Kreuz noch Arbeit scheun.»[32] Gerade auch die Verknüpfung von Theologie – im Sinn einer nach innen gekehrten reflektierenden Frömmigkeit – und Leben – im Sinn eines nach aussen gerichteten, praktischen Engagements – macht Henriette Katharina zu einer spannenden und vielschichtigen Persönlichkeit. Henriette Katharina von Gersdorf darf, wie ihr Leben und die Breite ihrer Wirkungsfelder illustrieren, neben den erwähnten Vätern des Pietismus als eine Mutter des lutherischen Pietismus gewürdigt werden.

Anmerkungen

1 Hartmut Krüger nennt diese drei Männer, die zusammen drei Generationen der pietistischen Bewegung verkörpern, Väter des lutherischen Pietismus (vgl. Hartmut *Krüger*, Frauen im Pietismus: Ihr Dienst – ihre Verantwortung – ihr Einfluss, Marburg 2005, 45).

2 Nikol gründete beispielsweise in Bautzen ein Waisenhaus und beschäftigte sich mit der Planung für ein Waisenhaus in Meissen, zudem unterstützte er soziale Projekte der Stadt Leipzig, setzte sich für sächsische Pfarrwitwen ein und förderte die Franckeschen Stiftungen finanziell.

3 Vgl. Entführung der Kinder und Bittgesuch: Robert *Langer*, Pallas und ihre Waffen: Wirkungskreise der Henriette Catharina von Gersdorff, hg. von der Umweltbibliothek Grosshennersdorf e.V., Dresden 2008, 140–141.

4 Die «Sorben» oder auch «Wenden» sind eine slawische Volksgruppe, welche sich im Zuge der Völkerwanderung in der Lausitz angesiedelt hatte.

5 Zu den Anfängen der sorbischen Schriftsprache vgl. auch Georges *Darms*, La refurma sco impuls per novs linguatgs da scrittira (II), Annalas da la Societad Retorumantscha 130 (2017), 67–72.

6 Erich *Beyreuther*, Nikolaus Ludwig von Zinzendorf, in Selbstzeugnissen und Bilddokumenten, Stuttgart 1975, 28.

7 Zitiert nach der deutschen Übersetzung in: *Langer*, Pallas, 226.

8 Zitiert nach: Ulrike *Witt*, Bekehrung, Bildung und Biographie: Frauen im Umkreis des Halleschen Pietismus, Tübingen 1996 (Hallesche Forschungen 2), 163.

9 Henriette Katharina *von Gersdorf*, Geistreiche Lieder und Poetische Betrachtungen [...], Halle 1729, 181.

10 Die Brautmystik ist angesprochen in Offb 19,7–8. Vor allem im Mittelalter wurde die Frömmigkeit der Brautmystik gepflegt – die geweihte Jungfrau vermählte sich allegorisch mit ihrem Bräutigam, Jesus Christus.

11 *von Gersdorf*, Lieder, 116.

12 *von Gersdorf*, Lieder, 106–107 und 109.

13 *von Gersdorf*, Lieder, 89.

14 Henriette Katharina äusserte sich gegen die Lehre der Wiederbringung aller Dinge; sie äusserte sich also gegen die theologische Position der Allversöhnung, die am Ende der Zeit alle Menschen mit Gott versöhnt glaubt. Ihr Hauptargument gegen die Allversöhnung, wie sie beispielsweise von Johanna Eleonora Petersen und Jane Leade – also im radikalen Flügel des Pietismus – gelehrt wurde, ist, dass die Lehre sich nicht eindeutig aus der heiligen Schrift ableiten lasse.

15 Vgl. Henriette Katharina *von Gersdorf*, Heilsame Betrachtung, Der Gnaden- und Trostreichen Historie, Von dem seligmachenden Leiden und Sterben Unseres Heylandes JESUS CHRISTUS [...], Wittenberg 1665, B1^{v}–B2^{r}.

16 Vgl. *von Gersdorf*, Betrachtung, A4^{v}–B2^{v}.

17 Zitiert nach der deutschen Übersetzung in: *Langer*, Pallas, 229.

18 Zitiert nach der deutschen Übersetzung in: *Langer*, Pallas, 228.

19 *Witt*, Bekehrung, 151.

20 *von Gersdorf*, Betrachtung, A2^{r}.
21 *von Gersdorf*, Betrachtung, A3^{r}.
22 *von Gersdorf*, Betrachtung, F2^{r-v}.
23 *von Gersdorf*, Lieder, 1.
24 Vgl. *von Gersdorf*, Lieder, 242–256.
25 *von Gersdorf*, Lieder, 270.
26 *von Gersdorf*, Lieder, 628.
27 *von Gersdorf*, Lieder, 523–525.
28 *von Gersdorf*, Lieder, 569.
29 *von Gersdorf*, Lieder, 781.
30 Von den Bildungsbriefen zu unterscheiden ist die Korrespondenz von Henriette Katharina von Gersdorf. Immerhin ist aber darauf hinzuweisen, dass die Pietisten Philipp Jakob Spener, August Hermann Francke sowie die Hallenser Paul Anton und Baron Carl von Canstein, aber auch Vertreter der Aufklärung wie etwa Christian Thomasius oder Gottfried Wilhelm Leibniz zu Henriette Katharinas Briefkorrespondenten gehörten. Die Briefe zwischen Spener und Henriette Katharina sind nicht erhalten; überliefert sind aber diejenigen zwischen Spener und Henriette Katharinas Ehemann Nikol. Mit Francke führte Henriette Katharina ab 1696 einen intensiven Briefwechsel. Bis 1722 sind über 180 Briefe erhalten geblieben.
31 Martin H. *Jung*, Frauen des Pietisumus, Zehn Portraits von Johanna Regina Bengel bis Erdmuthe Dorothea von Zinzendorf, Güthersloh 1998, 31.
32 *von Gersdorf*, Lieder, 5.

Literaturangaben

Primärquellen

Henriette Katharina *von Gersdorf*, Geistreiche Lieder und Poetische Betrachtungen […], Halle 1729.

Dies., Heilsame Betrachtung, Der Gnaden- und Trostreichen Historie, Von dem seligmachenden Leiden und Sterben Unseres Heylandes JESUS CHRISTUS, zu eigener Erbauung, aufgesetzet, Durch eine Liebhaberin der Teutschen Poesie, […], Wittenberg 1665.

Sekundärquellen

Ingeborg C. *Baldauf*, Lemma: Gersdorf (Gersdorff), Henriette Katharina Freifrau von, in: Sächsische Biografie, hg. vom Institut für Sächsische

Geschichte und Volkskunde e.V., bearb. von Martina Schattkowsky, Online-Ausgabe: http://www.isgv.de/saebi/ (23.9.2017).

Erich *Beyreuther*, Nikolaus Ludwig von Zinzendorf, in Selbstzeugnissen und Bilddokumenten, Stuttgart 1975.

Georges *Darms*, La refurma sco impuls per novs linguatgs da scrittira (II), Annalas da la Societad Retorumantscha 130 (2017), 67–72.

Martin H. *Jung*, Frauen des Pietismus, Zehn Portraits von Johanna Regina Bengel bis Erdmuthe Dorothea von Zinzendorf, Güthersloh 1998.

Hartmut *Krüger*, Frauen im Pietismus, ihr Dienst – ihre Verantwortung – ihr Einfluss, Marburg 2005.

Jens *Kunze*, Lemma: Friesen (zu Rötha), Carl Freiherr von, in: Sächsische Biografie, hg. vom Institut für Sächsische Geschichte und Volkskunde e.V., bearb. von Martina Schattkowsky, Online-Ausgabe: http://www.isgv.de/saebi/ (23.9.2017).

Robert *Langer*, Eine Sächsische Gelehrte: Ermahnungen zu einem tugendhaften Leben in Bildungsbriefen der Henriette Catherina von Gersdorff, Dresden 2013.

Ders., Pallas und ihre Waffen: Wirkungskreise der Henriette Catherina von Gersdorff, hg. von der Umweltbibliothek Grosshennersdorf e.V., Dresden 2008.

Wolfram *Mauser*, Dichtung, Religion und Gesellschaft im 17. Jahrhundert, Die Sonnete des Andreas Gryphius, München 1976.

Isabella *von Treskow*, Lemma: Gersdorf (Gersdorff), Nikol (Nicol, Nicolaus, Nikolaus, Nikol II.) von (seit 1672 Freiherr bzw. Reichsfreiherr), in: Sächsische Biografie, hg. vom Institut für Sächsische Geschichte und Volkskunde e.V., bearb. von Martina Schattkowsky, Online-Ausgabe: http://www.isgv.de/saebi/ (23.9.2017).

Otto *Teigler*, Zinzendorf als Schüler in Halle 1710–1716. Persönliches Ergehen und Präformation eines Axioms, Halle 2017 (Hallesche Forschungen 45).

Ulrike *Witt*, Bekehrung, Bildung und Biografie: Frauen im Umkreis des Halleschen Pietismus, Tübingen 1996 (Hallesche Forschungen 2).

Anselm *Zurfluh*, Lemma: Dreissigjähriger Krieg, in: Historisches Lexikon der Schweiz, hg. von Marco Jorio u. a., Bd. 3, Basel 2004, 795–798.

Stephan Krauer

Frauen als Dichterinnen

Einleitung

Der Pietismus kann als eine der wichtigsten religiösen Bewegungen nach der Reformation in Europa angesehen werden. Revolutionär am Pietismus war, dass seine Protagonistinnen und Protagonisten sich oft über die Geschlechter- und Ständeordnung der damaligen Zeit hinwegsetzten. In den Anfängen der Bewegung waren es nicht selten Frauen, auch von niederen Ständen, die Konventikel, sogenannte Hauskreise, organisierten und durch Briefverkehr ein Netzwerk von Deutschland und der Schweiz über Holland bis nach England unterhielten. Auch machten sie sich einen Namen als Autorinnen von Erbauungsliteratur.

Heute ist von diesen Frauen wenig bekannt. Die Namen von Männern wie Zinzendorf oder Francke werden unweigerlich mit der pietistischen Bewegung in Verbindung gebracht. Doch wo sind die Frauen geblieben? Die Forschung zu den Frauen und ihrer Rolle im Pietismus ist noch sehr jung und hat noch grosse Lücken. Dies hat vor allem damit zu tun, dass sie sich allzu oft von der Polemik der damaligen theologischen Führungsfiguren leiten liess.[1] Zu Beginn des Pietismus wurde die Rolle der theologisch engagierten Frauen als positiv bewertet und die Gleichstellung der Frau sowohl nach innen, wie auch nach aussen mit Gal 3,28 begründet, wo es heisst: «[...] hier ist nicht Mann noch Frau; denn ihr seid allesamt einer mit Jesus Christus.» Damit knüpften die Pietisten an die christliche Urgemeinde an. Die neutestamentliche Forschung hat erst ab den 1970er Jahren begonnen, diesen Satz nicht nur auf die geistliche Ebene hin zu interpretieren, sondern dahingehend, dass sich Paulus dabei auf konkrete soziale Änderungen bezieht, die sich in den frühen christlichen Gemeinden vollzogen haben.[2] Dies dürfte ein weiterer Grund für die wissenschaftlichen Lücken im Bezug auf die Rolle der Frauen im Pietismus sein.

Der vorliegende Beitrag hat zwei Hauptthemen, nämlich die Produktion und Rezeption von Texten, die von Dichterinnen stammten, und die darauf folgende Marginalisierung dieser Frauen, vor allem ab Mitte des 18. Jahrhunderts. Dabei stellen sich folgende Fragen: Was für Texte haben die Frauen im frühen Pietismus geschrieben? Wie wurde mit den Texten umgangen? Wie kam es zur Marginalisierung und wie ging der Prozess vonstatten?

Schreiben und Lesen im frühen Pietismus

Um die Produktion von pietistischer Literatur zu verstehen, muss man beachten, wie sich der Pietismus um 1700 konstituierte. Er bestand vor allem aus Netzwerken internationalen Ausmasses und interkonfessioneller Prägung. Gerade ihrem Netzwerkcharakter verdankt die Bewegung ihre Langlebigkeit. Im Kern waren es ab 1680 kleine Konventikel, die sich von Leipzig aus vernetzten. Dabei gab es von Beginn an eine Durchmischung von Studenten, Theologen, Frauen und Männern des Bürgertum, des Handwerkerstandes sowie von Dienstleuten und Adligen. Es herrschte die Vorstellung, Glieder einer erweckten Gemeinschaft zu sein. Nicht selten übernahmen Frauen aus allen Ständen die Führungsrolle in solchen Konventikeln, wie z. B. die Wäscherin Katarina May oder die Bäckersfrau Dorothea Meinig aus Leipzig.[3]

Neben der engagierten Rolle der Frau hatten in den Konventikeln auch unterschiedliche Auffassungen vom Heil nebeneinander Platz. Man konnte anderer Meinung sein und blieb dennoch im gemeinsamen Austausch. Der frühe Pietismus war pluralistischer als man ihm von aussen zugestand.

Die Produktion und Rezeption von Literatur war ein wichtiger Bestandteil bei der Pflege der Netzwerke. Generell wurde der Grossteil der pietistischen Literatur von Männern geschrieben, aber es gab auch eine grosse Zahl von schreibenden Frauen, was für die damalige Zeit eher unüblich war. Zu den literarischen Gattungen der Pietistinnen gehörten Gedichte, Gebete, Autobiografien, Briefe und Zeitschriften.

Schreibende Frauen spielten in der Vernetzungspraxis eine wichtige Rolle, gerade wenn es um die Überwindung von Länder-, Sprach-, Konfessions- und Zeitgrenzen ging. So war es z. B. die Pietistin Henriette Katharina von Gersdorf (1648–1726),[4] welche sich für böhmische und schlesische Glaubensflüchtlinge einsetzte. Die Herausgabe von Gedichtbänden oder anderer Erbauungsliteratur war vor allem adligen Frauen vorbehalten, da sie über die nötigen Mittel verfügten.[5]

Die Schriften waren nicht nur Informationsaustausch, sondern wichtiger Bestandteil der Glaubenspraxis. So stimulierte die schriftliche Verbreitung von Visionen wiederum weitere Visionen. Visionen wurden zur Alltagsrealität und durch das Schreiben und Lesen von Biografien in den eigenen biografischen Kontext eingebettet. Durch Briefe konnten Frauen ihre religiösen Positionen formulieren und in einen überlokalen Kontext einspeisen. Das Schreiben und das gemeinsame Lesen waren im höchsten Masse identitätsstiftend.

Um den Zusammenhang von Lesen und Schreiben in der pietistischen Glaubenspraxis darzustellen, hat die Germanistin Eva Kormann ein Verlaufsmodel entwickelt. An dessen Anfang steht die religiöse Erfahrung. Diese wird autobiografisch meist als Heilsgeschichte gedeutet, in der nach langer Sünde endlich Jesus Christus erkannt wird. Mit der Publikation erhält die Biografie ein Publikum. Dieses trifft sich in Konventikeln und rezipiert die Biografie. Die Rezipienten wiederum streben danach, ebenfalls eine solche Erfahrung zu machen. Dabei bewegt man sich in einem bestimmten Diskursfeld – mit einem Repertoire an vorgegebenen Wörtern, Gesten und Handlungen. Dieses Diskursfeld leitet sich aus den gelesenen Texten ab und ist gleichzeitig bestimmend für die zukünftigen Erfahrungen. Dadurch entsteht Identität für den Einzelnen und vor allem für die Gruppe. Wer die Macht über das Diskursfeld hat, hat die Macht über die Gruppe.[6]

Um die Inhalte pietistischer Literatur zu illustrieren, soll hier kurz auf Charlotte Nebel-Rambach (1727–1761) eingegangen werden. Sie war die Tochter von Johann Jakob Rambach, einem pietistischen Theologen, und damit aufgewachsen in einer durch und durch pietistischen Welt. Zentrale Themen bei Charlotte sind das Leben Jesu, sein Kreuzestod und dessen Folgen für das Heil der Menschheit. Der poetische Einfluss stammt meist aus Kirchenliedern (im Versmass der Alexandriner[7]), der theologische von Zinzendorf (Dankbarkeit und Freude über Jesu, aber auch ein ausgeprägtes Sündenbewusstsein). Es gibt auch Anlehnungen an das biblische Hohelied und unverkennbare Einflüsse aus pietistischen Zeitschriften. Ziel ihrer Dichtung war nicht eine eigene Theologie zu entwickeln, sondern einen vertrauten Umgang mit dem Erlöser Jesus Christus in den Alltag zu ermöglichen.[8] In ein Gedicht umgesetzt klingt das dann folgendermassen:

> Dass dein Marter-Leib,
> Mir vor Augen bleib,
> Wenn ich esse, trinke, wandle
> Rede, oder sonst was handle,
> [...]
> Dass das Blut der heiligen Wunden
> Mich durchgehet alle Stunden
> Dass ich darin leb,
> Darin immer schweb.[9]

Es waren Gedichte wie dieses, welche die Gegner der Pietisten verstörten und noch heute tut sich die Theologie wie auch die Germanistik mit solcher Literatur schwer.

Von der «selbstbewussten Dichterin» zur «frommen Gattin»

Versucht man nachzuvollziehen, wie die selbstbewussten Dichterinnen und Netzwerkerinnen zu frommen Hausfrauen wurden, so zeigt sich ein vielschichtiger Prozess. Der Druck für diese Anpassung kam von aussen wie auch von innen und wurde zum Teil auch durch die Aufklärung ausgelöst.

Zu Beginn kam der Pietismus durch die lutherische Orthodoxie unter Druck. Zwar teilten Pietismus wie Orthodoxie den Primat der Glaubensgewissheit über die Vernunftgewissheit im Kampf gegen die Aufklärung. Doch die Lockerung des festen kirchlichen Lebens und das geringe Interesse an einer systematischen Kirchenlehre seitens der Pietisten missfiel der orthodoxen Lehre.[10] Schon Ende des 18. Jahrhunderts wurde dem Pietismus von aussen alles Theologische den Männern zugeordnet. Die Frauen wurden mit ekstatischen Erscheinungen oder als Quelle biografischen Materials in Verbindung gebracht.[11] In der Tat war es so, dass ekstatische Gotteserfahrungen im frühen Pietismus bei Frauen häufiger auftraten als bei Männern, aber nicht ausschliesslich.[12]

Schon im frühen Pietismus begannen die Pietisten durch die Kritik von aussen die Rolle der engagierten Frauen kleinzureden. So versuchte z. B. Philipp Jakob Spener mit der Aussage, dass die Bibelauslegung durch Frauen reine Privatsache sei, die polemischen Angriffe der Orthodoxie abzuwehren, gleichwohl er einen wertschätzenden Kontakt zu diversen engagierten Pietistinnen pflegte. Im bürgerlichen Diskurs wurde die private Religionsausübung der Frau als sinnvolle Beschäftigung empfohlen. Die Trennung öffentlicher und privater Bereiche war gleichzeitig eine Trennung von Mann und Frau.[13] Die Herausgeber von pietistischer Literatur waren eher zurückhaltend, wenn es darum ging, die Namen der Autorinnen zu veröffentlichen. Nicht selten wurden die Schriften ohne Namen veröffentlicht. Wenn dann aber die Autorin genannt wurde, war es

Abb. 13: Zeitgenössischer Kupferstich von Johanna Eleonora Petersen mit einem geöffneten Buch.

üblich, dass sich die Herausgeber oder die Frauen im Vorwort für den geringen literarischen Standard entschuldigten. So zum Beispiel, dass die Gedichte nicht den gängigen Massstäben der Lyrik entsprachen (Versmass und das Fehlen einer bestimmten klassischen Bilderwelt). Der vermeintliche Mangel an Bildung musste mit dem Hinweis auf den aufrichtigen und frommen Charakter der Autorin wettgemacht werden. So hielt z.B. im Vorwort der Werke von Sibylle Rieger (1707–1786) der Herausgeber fest: «Wenn auch hohe Kunst und Wort-Gepränge fehlt /

Man fordert dieses nicht vom Weiblichen Geschlechte». Aus heutiger Sicht sind ihre Gedichte poetisch gut aufgebaut und drücken einen persönlichen, tiefen Glauben aus.[14]

Wie oben erwähnt war es für die Gegner des Pietismus einfach, Gedichte und Biografien als schwärmerisch abzutun. Doch wie stand es um theologische Texte von Frauen? Das Beispiel von Johanna Eleonora Petersen (1644–1724) zeigt, wie eine theologisch bewanderte Frau zu einer frommen Gemahlin umgedeutet wurde. Bis 1719 veröffentlichte sie 15 Schriften, die sich vornehmlich mit der theologischen Frage der Erlösungslehre befassten. Sie propagierte eine radikale Apokatastasis[15], die auch den Teufel in die endzeitliche Erlösung miteinbezog. Bereits zu Lebenszeiten wurde sie in Lexika aufgenommen, was auf einen positiven Ruf schliessen lässt. Noch 1715 wurden ihre theologischen Positionen konträr diskutiert. Nach ihrem Ableben schwand die öffentliche Auseinandersetzung zu ihren theologischen Positionen. Denn Theologen und Kirchenhistoriker des 19. Jahrhundert betrachteten den Pietismus als eine Erscheinung der Vergangenheit. Männer wie Spener und Francke wurden hervorgehoben, und Frauen wie beispielsweise Johanna Eleonora Petersen erschienen lediglich als Ehefrauen grosser Pietisten (z. B. von Johann Petersen). Ihre theologischen Schriften und Leistungen würdigte man nicht mehr.[16]

Ein weiteres Beispiel für die Marginalisierung von frommen, engagierten Frauen ist der Fall der Schweizerin Anna Schlatter (1773–1826). Sie war Geschäftsfrau, Hausfrau, Architektin, Netzwerkerin, Hilfswerkgründerin und zudem theologisch bewandert. Die ‹Domestizierung› von Anna Schlatter begann kurz nach ihrem Tod. Als ihr Mann, Hector Schlatter, aufgefordert wurde, für seine Kinder und Enkelkinder ein ‹kurzes Leben der seligen Mutter› zu schreiben, weigerte sich dieser. Im Gegenzug betonte er ihre Frömmigkeit, und dass sie sich mit aller Kraft für das Wohl der Familie eingesetzt hatte. Die ‹Angst›, man könnte hinter der aktiven Frau eine schlechte

Hausfrau vermuten, scheint im 19. Jahrhundert allgegenwärtig gewesen zu sein. Der Theologieprofessor Albrecht Ritschl polemisierte 1880 gegen die Pietisten wegen ihres falschen Sündenbewusstseins. Er lobte zwar Anna Schlatter als moderne Pietistin, relativierte aber ihre Leistungen sogleich mit dem Verweis auf die mit Sicherheit vernachlässigten Haushaltspflichten.[17]

Im 19. Jahrhundert verstärkte sich das Bild des tatkräftigen Mannes und der frommen, dienenden Hausfrau im öffentlichen Bewusstsein. In der Forschung über die Erinnerungskultur der Christentums-Gesellschaft im 19. Jahrhundert zeigt Erika Hebeisen auf, wie das fromme Männerwerk als pietistischer Leistungsnachweis wirkt.[18] Das Wirken der Frauen wurde dabei wenig beachtet. Veronika Jüttemann untersuchte in ihrer Studie *Erinnerung macht Geschlecht* die Erinnerungskultur des ostwestfälischen Protestantismus von 1870–1919. Dabei stellte sie fest, dass die Erinnerung an Pfarrer und Diakonissen in Wort und Bild wesentlich zur Vorstellung von Männlichkeit und Weiblichkeit im Kaiserreich beitrug. Diese Erinnerungskultur hatte für Männer und Frauen ganz bestimmte unterschiedliche Akzente. Bei den Diakonissen erinnerte man sich nicht an die lebenslange Arbeit in der Gemeinde, sondern an ihre Sündenerkenntnis, ihre Demut und ihren Gehorsam. Damit verbunden war das zähe Ringen um Seligkeit. Auf Bildern sind sie immer in Gruppen dargestellt, mit der Betonung ihrer Mütterlichkeit und ihrer Bereitschaft zur Aufopferung. Demgegenüber steht die Erinnerung an die Pfarrer. Sie sind Verwalter des Wortes Gottes, betont werden ihre Verdienste um die Familie, Gemeinde und den Protestantismus im Allgemeinen. Die ‹Pfarrherren› wurden immer individuell dargestellt und ihre Porträts sollten Eigenständigkeit, Entschlossenheit und Masshaltung betonen. Die biografische Erinnerung ist Legitimation und Anspruch zugleich. Die Erinnerten sollen Vorbild und eine Antwort auf die Säkularisierung sein. Sie verkörperten geistige und moralische Selbständigkeit in Zeiten der zunehmenden Industrialisierung und Individualisierung.[19]

Theologische Leistung pietistischer Frauen

Bei der wissenschaftlichen Auseinandersetzung mit den Dichterinnen im Pietismus hat sich gezeigt, dass Defizite vorhanden sind, und die traditionellen theologiegeschichtlichen Ansätze bis anhin zu kurz greifen. Besser eignen sich da sozialwissenschaftliche Ansätze der Genderforschung.[20] Wie oben erwähnt ist nicht nur der Pietismus und seine Traditionsbildung dem Marginalisierungsprozess unterworfen, sondern auch die wissenschaftliche Rezeption des Pietismus. So fanden die theologischen Leistungen von pietistischen Frauen bis anhin kaum Erwähnung. Wie die pietistische Literatur unterliegt auch die wissenschaftliche Theologie einem Diskursfeld, das im Sinne der Wissenschaft immer wieder aufgebrochen werden sollte.

Ein weiteres Feld der Forschung, das noch gänzlich unbeackert ist, ist eine literaturwissenschaftliche und/oder eine psychologische Betrachtung der pietistischen Literatur. Dies wäre eine Gelegenheit, eine sachliche Beurteilung zu erhalten und das Etikett ‹schwärmerisch› hinter sich zu lassen. Denn die Texte bewegen sich in einer grossen Breite von theologischen Überlegungen über fromme Bekenntnisse des Glaubens bis hin zu androgynen Allmachtsfantasien («Jesus lass mich dein Täublein sein»).

Anmerkungen

1 Vgl. Mirjam *de Baar*, Internationale und Interkonfessionelle Netzwerke. Zur frühen lutherisch pietistischen Rezeption von Anna Maria von Schurman und Antoinette Bourignon, in: Ulrike Gleixner und Erika Hebeisen (Hg.), Gendering Tradition. Erinnerungskultur und Geschlecht im Pietismus, Korb 2007, 101.

2 Vgl. Ruth *Albrecht*, Alle einer in Christus – alle eins in Christus. Theologisch begründete Geschlechterkonstruktion im frühen Pietismus, in: Pia Schmid (Hg.), Gender im Pietismus. Netzwerke und Geschlechterkonstruktion, Halle 2015, 24.

3 Vgl. Ulrike *Gleixner*, Potentiale eines Konzeptes «Pietismus als Netzwerke» für die Genderforschung, in: Schmid, Gender, 6ff.

4 Weiteres zu Henriette Katharina von Gersdorf siehe den Beitrag von Anna Lerch (S. 39–67).

5 Vgl. *Gleixner*, Potentiale, 10–11.

6 Vgl. Eva *Kormann*, Traditionsbildung des radikalen Pietismus. Zur Rezeption von Anna Vetters Visionen, in: Gleixner, Gendering Tradition, 107ff.

7 Der Alexandriner ist ein Vers von sechs zweisilbigen steigenden Füssen (Jamben).

8 Vgl. Cornelia N. *Moore*, «Zur weiteren Erbauung». Die Werke von Charlotte Nebel-Rambach, ihre Herausgeber und ihre Verbreitung, in: Schmid, Gender, 223ff, 239.

9 Zitiert nach: *Moore*, Erbauung, 236.

10 Vgl. Rochus *Leonhardt*, Grundinformation Dogmatik. Ein Lehr- und Arbeitsbuch für das Studium der Theologie, Göttingen 2009, 61.

11 Vgl. Ruth *Albrecht*, Vom Verschwinden der Theologie zugunsten der Biographie. Zur Rezeption Johanna Eleonora Petersen, in: Gleixner, Gendering Tradition, 121–122.

12 Vgl. Ruth *Albrecht*, Literaturproduktion, Gender und Pietismus. Das Quedlinburger Netzwerk, in: dies. et al. (Hg.), Glaube und Geschlecht. Fromme Frauen – Spirituelle Erfahrungen – Religiöse Traditionen, Köln/Weimar/Wien 2008, 222.

13 Vgl. Jutta *Taege-Bizer*, Erinnerungskulturen in Adel, Pietsimus und Wissenschaft. Gräfin Benigna von Solms-Laubach (1648–1702), in: Gleixner, Gendering Tradition, 32f.

14 Vgl. *Moore*, Erbauung, 227.

15 Lehre von der Wiederherstellung aller Dinge am Ende der Zeiten.

16 Vgl. Ruth *Albrecht*, Vom Verschwinden der Theologie zugunsten der Biographie. Zur Rezeption Johann Eleonora Persens, in: Gleixner, Gendering Tradition, 121ff u. 135ff.

17 Vgl. Marianne *Jehle-Wildberger*, Zwischen Heiligsprechung und Domestizierung. Anna Schlatter-Bernet (1773–1826), in: Gleixner, Gendering Tradition, 49. 59ff.

18 Vgl. Erika *Hebeisen*, Genealogisch. Zur Geschlechterspezifischen Tradierung der deutschen Christentumsgesellschaft, in: Gleixner, Gendering Tradition, 80–82.

19 Vgl. Veronika *Jüttemann*, Erinnerung macht Geschlecht. Das Pfarrer- und Diakonissenbild des ostwestfälischen Protestantismus 1870–1918, in: Gleixner, Gendering Tradition, 171ff.

20 Vgl. *Taege-Bizer*, Erinnerungskulturen, 22.

Literaturangaben

Sekundärliteratur

Ruth *Albrecht* u. a. (Hg.), Glaube und Geschlecht. Fromme Frauen – Spirituelle Erfahrungen – Religiöse Traditionen, Köln/Weimar/Wien 2008.

Ulrike *Gleixner* und Erika *Hebeisen* (Hg.), Gendering Tradition. Erinnerungskultur und Geschlecht im Pietismus, Korb 2007.

Rochus *Leonhardt*, Grundinformation Dogmatik. Ein Lehr- und Arbeitsbuch für das Studium der Theologie, Göttingen 2009.

Pia *Schmid* (Hg.), Gender im Pietismus. Netzwerke und Geschlechterkonstruktion, Halle 2015.

Schweiz

Brigitte Danuser-Leitinger

Hortensia Gugelberg von Moos, geb. von Salis (1659–1715)
Schriftstellerin und Gelehrte aus Maienfeld

Biografische Stationen

Im Jahr 1659 wurde das erste Kind der Landadligen Gubert von Salis-Soglio (1638–1710) und Ursula von Salis-Maienfeld (1637–1675) geboren. Sie tauften das Mädchen auf den Namen Hortensia nach ihrer Grossmutter mütterlicherseits. Im Lauf der Jahre sollten noch elf weitere Geschwister dazukommen. Hortensias Vater Gubert amtete zu dieser Zeit als Stadtvogt von Maienfeld, war Bundeslandamman des Zehngerichtebundes und später Commissari zu «Cläven» (Chiavenna).

Leider finden sich kaum Belege zu Hortensias Kindheit und Jugend. Als Tochter von «adligem Stand»[1] wurde sie vermutlich von Hauslehrern betreut, die sie in Lesen, Schreiben, Rechnen, Religion und – wie dies zur damaligen Zeit für die adlige Gesellschaft üblich war – auch in Französisch unterrichteten. Obwohl sie zusammen mit ihrem jüngeren Bruder Karl Gubert (1660–1740) ausgebildet wurde, war sie, wie sie später selbst schreibt, der lateinischen und griechischen Sprache unkundig. Ihre weitere Erziehung dürfte der Vorbereitung auf ihre künftige Aufgabe als Ehefrau und Vorsteherin eines adligen Haushaltes gedient haben.

Ihre Mutter Ursula starb 1675 bei der Geburt des dreizehnten Kindes. Im gleichen Jahr verstarb auch deren Mutter, die Namensgeberin Hortensias. Wahrscheinlich kümmerten sich Ammen und Mägde um die minderjährigen Geschwister, Hortensia selber war damals 16 Jahre alt. Im Jahr 1682 wurde Hortensia dann selbst Ehefrau und Mutter. Sie heiratete ihren Cousin Rudolf Gugelberg von Moos. Die beiden waren über

Hortensias Grossmutter miteinander verwandt, ebenfalls eine geborene Gugelberg von Moos. Rudolf war das drittälteste von insgesamt acht Kindern der ebenfalls in Maienfeld ansässigen Johann Luzius Gugelberg von Moos (1633–1672) und Margarete Catarina von Salis-Zizers (†1688). Rudolf wurde in jungen Jahren an den Hof des Kurfürsten Karl Ludwig von der Pfalz geschickt, um zum Cavalier ausgebildet zu werden. Das beinhaltete das Erlernen von höfischen Umgangsformen sowie auch eine militärische Schulung. Nachdem er 1676 nach Maienfeld zurückgekehrt war, begab er sich als Hauptmann in französische Dienste.

Nach ihrer Heirat bezogen Rudolf und Hortensia das Schloss Salenegg in Maienfeld. Aufgrund seiner führenden Stellung in französischen Kriegsdiensten musste Rudolf seine junge Frau oft alleine lassen. In seiner Abwesenheit kümmerte sich Hortensia vermutlich selber um die Verwaltung des Gutes. Ihre gemeinsamen Kinder, deren Anzahl unklar ist, starben wohl alle kurz nach der Geburt. In einigen Quellen wird über eine Tochter namens Elisabeth berichtet, die jedoch auch bereits als Kleinkind verstarb.

Im Jahr 1692 wurde Hortensia im Alter von erst dreiunddreissig Jahren Witwe. Rudolf Gugelberg von Moos war in der Schlacht von Steenkerken (Belgien), bei der das Heer Wilhelms III. von England geschlagen worden war, gefallen. Die Meinungen darüber, wo Hortensia in der ersten Zeit als kinderlose Witwe lebte, gehen auseinander. Möglicherweise diente ihr das sogenannte Untere Gugelberghaus als Witwensitz. Hortensia war dem Zwang der Wiederverheiratung entzogen. Sie besass genügend finanzielle Mittel, hatte keine Kinder, deren Versorgung hätte sichergestellt werden müssen und anscheinend fehlte auch ein standesgemässer Heiratsanwärter. Unklar ist, ob sie zunächst zu ihrem Vater nach Chiavenna gezogen ist, der – wahrscheinlich ebenfalls seit 1692 – erneut verwitwet war. Aus diversen Briefwechseln geht hervor, dass sie zumindest zeitweise bei ihm in Chiavenna gewohnt haben muss.

Gubert von Salis hatte 1684 in zweiter Ehe Jakobea von Buol-Strassberg von Parpan geheiratet, die Witwe von Paul Jenatsch, einem Sohn von Jürg Jenatsch, der wegen seiner Tätigkeit am Thusner Strafgericht (1618) und infolge seines Konfessionswechsels (1635) in die Bündner Geschichtsbücher eingegangen ist. Der Verbindung mit Jakobea Buol, die von Zeitgenossen als Mésalliance, d. h. als unpassend und nicht standesgemäss empfunden wurde, entstammten vier Söhne. Hortensias Vater erhoffte sich durch die Ehe mit einer Angehörigen der spanischen Partei in Bünden ökonomischen wie politischen Profit. Damit war diese Ehe wohl eher eine Zweckverbindung. Auch seinen Sohn Karl Gubert drängte Gubert von Salis zur Hochzeit mit einer Angehörigen der Familie Buol. Hortensia lehnte diese politisch motivierten Ehen aus tiefstem Herzen ab. Obwohl der Vater ihr jeglichen Kommentar dazu verboten hatte, versuchte sie ihren jüngeren Bruder umzustimmen. Unter Berufung auf die Bibel legte sie ihm in einem heimlichen Brief dar, dass eine Ehe nur aus christlicher Verantwortung geschlossen und geführt werden dürfe. Zudem sei seine Braut, wie die spanische Partei insgesamt, wenig gottesfürchtig, besitze nur geringe geistige Fähigkeiten und sei dem Wein, der Liebe und dem Hochmut zugetan.

Gubert von Salis verstarb 1710 in Soglio. Spätestens seit dieser Zeit lebte Hortensia wieder in Maienfeld. Seit sie ihren Mann verloren hatte und ihr mehr Zeit für persönliche Dinge zur Verfügung stand, widmete sie sich zunehmend der Pflege des kirchlich-religiösen Lebens, dem sozialen Dienst und naturwissenschaftlichen Studien. So begann sie jeden Tag mit geistlicher Lektüre und Gebet, richtete ihre ganze Lebenshaltung nach der Bibel aus und öffnete ihre Türen für die Armen und Bedürftigen der Umgebung. Es ist belegt, dass sie auch einige Kinder bei sich aufzog und deren Ausbildung finanzierte. Heilkundliches Interesse wurde ihr gewissermassen in die Wiege gelegt – ist doch bereits ihre gleichnamige Grossmutter mütterlicherseits für ihre Arzneikünste bekannt gewesen.[2]

Durch autodidaktische Studien erweiterte sie ihr Wissen laufend und liess dieses als Ärztin der Bevölkerung von Maienfeld zugutekommen.

Im Jahr 1715 verstarb Hortensia nach längerer Krankheit. Ihr Leben hat sie – trotz persönlicher Schicksalsschläge – in den Dienst ihrer Mitmenschen gestellt.

Glaubensleben

Beide Herkunftsfamilien Hortensias, die Salis wie die Gugelbergs, waren zu ihrer Zeit mehrheitlich überzeugte Anhänger des reformierten Bekenntnisses. Hortensia selbst stand in ihrem religiösen Denken ganz in der reformierten Tradition des 17. Jahrhunderts und verfügte über ausserordentliche Bibelkenntnisse. Ihre Grossmutter hatte auch in diesem Bereich nachhaltig auf sie eingewirkt.[3] So scheute sie die Auseinandersetzung mit konfessionellen Themen nicht und bekundete offen ihre Ablehnung der römisch-katholischen Kirche. Die tiefsten Gräben taten sich für sie durch deren Abweichung von der Bibel und durch den weltlichen Machtanspruch auf. Ab und zu kam es vor, dass Familienmitglieder oder Bekannte Hortensias aus persönlichen, oft aber aus machtpolitischen Gründen, zum katholischen Glauben konvertierten. Das war ein Vorgehen, das sie stets tief betrübte und das für sie selbst undenkbar gewesen wäre. Für ihren eigenen Glauben akzeptierte sie einzig und allein Argumente aus der Heiligen Schrift und war überzeugt, kein katholischer Geistlicher könne solche Argumente gegen den reformierten Glauben vorbringen.

In der Forschungsliteratur wird darüber spekuliert, ob sich Hortensia von Salis, zumindest in ihrem späteren Leben, dem Pietismus zugewendet habe. Tatsächlich war sie wohl einigen Flüchtlingen, die sich nach der Aufhebung des Ediktes von Nantes 1685 in der Bündner Herrschaft niedergelassen hatten, freundschaftlich verbunden. Ausserdem gab es gemäss den

Akten zu den Pietistenprozessen, die in Zürich stattgefunden haben, auch ein Verhör mit Hortensia. Hingegen liegen keinerlei Hinweise zu Kontakten mit Inspirierten oder Separatisten in der Eidgenossenschaft oder im Ausland vor. Obwohl nicht direkt belegt ist, dass Hortensia Speners *Pia Desideria* oder andere pietistische Texte, wie beispielsweise von Johanna Eleonora Petersen, besessen und gelesen hat, ist davon auszugehen, dass sie der tiefen Frömmigkeit des Pietismus Sympathie entgegengebracht hat. Ohne Zweifel wird sie in Johann Arndts *Bücher vom Wahren Christentum* oder Lewis Baylys *Praxis pietatis* – beides Bestseller im protestantischen Europa wie auch in den Drei Bünden – gelesen haben. Das legt die Vermutung nahe, dass sie sich zwar im Sinn der reformiert-orthodoxen Tradition streng am Buchstaben und am Geist der Bibel orientierte, doch – wie die grossen Pietisten, die allesamt Bayly und Arndt gelesen haben – um eine echte *praxis pietatis* bemüht war.

Erzählungen und Schriften einer Intellektuellen

Ihre gesellschaftliche Stellung, frühe Witwenschaft und ökonomische Unabhängigkeit ermöglichten Hortensia von Salis ein Leben als Intellektuelle. Wahrscheinlich bereits in ihrem Elternhaus, sicherlich aber nach ihrer Heirat mit Rudolf Gugelberg von Moos hatte sie Zugang zu einer Bibliothek,[4] die sie aufgrund ihrer Schulbildung auch zu nutzen wusste. Ausserdem führte Hortensia eine umfangreiche Korrespondenz mit einflussreichen Persönlichkeiten der Zeit. Die noch erhaltenen Briefe belegen Kontakte zum Zürcher Theologen Johann Heinrich Heidegger (1633–1698) und zum Arzt und Naturforscher Johann Jakob Scheuchzer (1672–1733). Offenbar hatte sie auch einen Briefwechsel mit Königin Anne von England (1665–1714), von dem jedoch keine Originaldokumente mehr auffindbar sind.[5]

Im Jahr 1694 sandte der katholische Pfarrer von Näfels, Johann Jakob Gartner, Hortensia die *Wohlriechende, Hertz- und Seel-stärckende Meßblum* (Zug 1694) zur Begutachtung zu. Gartner erwartete von Hortensia einen Kommentar zu den acht darin aufgeführten «Religions-Puncten», d.h. theologischen Streitfragen, mittels derer er verschiedene Einwände gegen den reformierten Glauben vorbrachte. Dahinter stand möglicherweise die Absicht, sie zur Konversion zu bewegen. Hortensia antwortete mit einer eigenen Schrift, die sie an Johann Heinrich Schweizer, einen befreundeten Zürcher Theologen, und an Peter Zeller, den damaligen Diakon am Fraumünster in Zürch, weitersandte. 1695 veranlasste Schweizer aus eigener Initiative die Publikation des Werks unter dem Titel *Glaubens-Rechenschafft* (Zürich 1695), ob mit oder ohne das Wissen der Autorin ist bis heute nicht ganz geklärt.[6] In dem von ihm verfassten Vorwort wird die besondere ausserordentliche Bildung und Gelehrtheit der anonymen Autorin gelobt – damit schien die Publikation ihres Werks gerechtfertigt. Mit Hilfe ihrer fundierten Bibelkenntnisse widerlegt Hortensia in der *Glaubens-Rechenschafft* systematisch Gartners Behauptungen. Den grössten Raum nimmt die Stellungnahme zur Transsubstantiation in der katholischen Messe ein. Dabei vermeidet sie auf den ersten Blick denselben polemischen Ton wie in der *Meßblum.* Nicht ein Streit sei ihr Ziel, sondern «einfaltig rechenschafft zugeben des Glaubens und der Hoffnung [...]»[7] Auf den zweiten Blick fällt dann aber doch der spöttische Unterton mancher Formulierungen auf: In Bezug auf seine Ausführungen zur Anrufung der Heiligen bezeichnet Hortensia von Salis Gartner etwa als «liederliches Pfäfflein»[8]. Oder sie degradiert die Eucharistie zum «außgeruffenen Winkelwerk / wollte sagen / Wunderwerck»[9], an die nur Mönche, Nonnen oder «andere aberglåubige Leuthe»[10] glauben können. Die Antwort Gartners liess nicht lange auf sich warten. Verbale Angriffe auf ihre Person zeugen von seinem Ärger und seiner Enttäuschung. Hortensia kümmerte das wenig. Im Gegenteil:

Der Hochedelgebornen/vil Ehr/Weiß-
heit/und Tugendreichen Frauen/
Frn. Hortenſia von Salis/
Des Weiland
Hochedelgebornen Geſtrengen Herren/
Hrn. Haubtmann Gugelber-
gers/von Moß/nachgelaſſener
Frau Wittib.

Abb. 14: Johann Heinrich Fäsi (1659–1745) widmet seine ***Sonnen-Blum göttlicher Wahrheit*** (Zürich 1695) an Hortensia von Salis.

Selbstbewusst verteidigte sie ihr Recht, auch als Frau für ihren Glauben einzutreten. Mit entsprechenden Bibelstellen belegte sie, dass auch das weibliche Geschlecht an den Segnungen des Bundes Gottes mit den Menschen Anteil habe.

Bereits ein Jahr nach der Veröffentlichung der *Glaubens-Rechenschafft* folgte eine weitere umfangreiche Schrift Hortensias mit dem Titel *Geist- und Lehrreiche Conversations Gesprä-*

che (Zürich 1696). Wieder war Johann Heinrich Schweizer für die Veröffentlichung verantwortlich und auch in diesem Werk betonte er im Vorwort das bemerkenswerte Wissen Hortensias. Aus Briefen geht indessen hervor, dass Hortensia über die erneute Zusammenarbeit mit Schweizer nicht ganz glücklich war. Möglicherweise war er als Redaktor der *Glaubens-Rechenschafft* zu eifrig gewesen und Hortensia wollte ihre neue Schrift vor seinem Eingriff bewahren.

Die *Conversationsgespräche* sind als Erzählung von Begebenheiten aus dem Leben einer vornehmen Dame angelegt. Darin eingefügt ist eine Reihe von Dialogen zwischen fiktiven Personen, die alle Namen berühmter Gestalten aus der Antike tragen und sich an verschiedenen Orten abspielen. Die Vorbilder für die Protagonisten wählte Hortensia mit Sicherheit aus ihrer eigenen Familie, autobiografische Bezüge sind unübersehbar. Wer die Verschlüsselung der Personennamen und Orte vorgenommen hat, ist nicht ganz eindeutig. Vielleicht entstammte dies der Idee Hortensias oder aber der Überarbeitung Schweizers. Die literarische Gattung der «Conversations» war im 17. Jahrhundert äusserst beliebt und findet sich beispielsweise in Georg Philipp Harsdörffers *Frauenzimmer Gesprächsspielen* (Nürnberg 1649) oder den *Conversations nouvelles sur divers sujets* (La Haye 1685) von Madeleine de Scudéry. Inhaltlich geht es in den drei Teilen der *Conversationsgespräche* um gesellschaftliche, wissenschaftliche und moralische Themen. So wird über die Heuchelei der Kavaliere genauso debattiert wie über die Funktionen der verschiedenen Körperteile. Es finden sich Ausführungen über die Prävention von Krankheiten, über die Zubereitung und Wirkung der damals neuen Getränke Tee, Kaffee und Schokolade, aber auch über das eher ungewohnte Thema betreffs Wachstum der Steine. Ihrer Zeit weit voraus war Hortensia mit ihrer Auffassung bezüglich der Stellung der Frau in der Gesellschaft. Sie wehrte sich entschieden gegen eine Rolle der Frau, die ihrem Ehemann nachgeordnet ist. Dennoch räumt sie selbstkritisch ein, dass die Frauen an

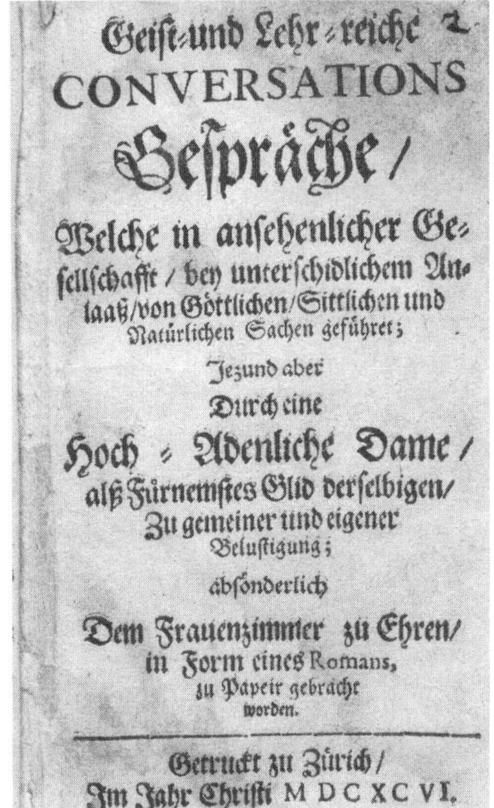

Geist- und Lehr-reiche
CONVERSATIONS
Gespräche /
Welche in ansehenlicher Ge-
sellschafft / bey unterschidlichem An-
laaß / von Göttlichen / Sittlichen und
Natürlichen Sachen geführet;
Jezund aber
Durch eine
Hoch-Adenliche Dame /
alß Fürnemstes Glid derselbigen /
Zu gemeiner und eigener
Belustigung;
absönderlich
Dem Frauenzimmer zu Ehren /
in Form eines Romans,
zu Papeir gebracht
worden.

Getruckt zu Zürich /
Im Jahr Christi M D C X C V I.

Abb. 15: ***Die Geist- und Lehr-reichen Conversations-Gespräche*** (Zürich 1696) von Hortensia von Salis belegen die grosse Gelehrtheit der Verfasserin.

ihrem Los nicht ganz unschuldig seien. Durch ihr Misstrauen den Bediensteten gegenüber würden sie sich selbst zur ‹Hauswirtschaftssklavin› degradieren. Die *Conversationsgespräche* illustrieren, dass sich Hortensia von Salis durch grosse Gelehrtheit auszeichnete, und dem Ideal der gelehrten Frau in der Frühaufklärung entsprach.[11]

Ein sehr spät entdecktes Werk Hortensias ist das *Recht Christliches [...] Tägliches Gebåt [...]* (Chur 1715). Es gehört in die Tradition der religiösen Selbstreflexionen, der sogenannten «Meditationes». Das *Gebåt* geht vom «Vater unser» aus, ist aber mit zahlreichen Zusätzen und Reflexionen angereichert. Mehr noch als im deutschsprachigen Raum wurde diese Form der Gebete von adligen Damen in England verfasst und war für den täglichen Gebrauch bestimmt.

Schliesslich sind noch einige unveröffentlichte kurze Trauergedichte von Hortensia erhalten, wie beispielsweise jene, die sie für ihre Schwägerinnen Elisabeth von Salis geb. Planta von Wildenberg (1667–1702) und Hortensia von Salis-Marschlins (1660–1699) verfasst hatte.

Wirkung

Zahlreiche Leichengedichte, die aus Anlass des Todes von Hortensia verfasst worden sind und in denen vor allem ihre Gelehrtheit und ihr soziales Engagement hervorgehoben werden, zeugen von der Bewunderung und der Wertschätzung ihrer Zeitgenossen.[12] Das Vorwort zu einer Schrift, die als ein für die Schweiz seltenes Dokument der «Querelles des femmes» gelten darf, und vielleicht vom Theologen Gotthard Heidegger (1666–1711) unter dem Pseudonym «Camilla» verfasst wurde, belegt die Auseinandersetzung Hortensias mit der damals geltenden Geschlechterordnung. Die – vermeintliche – Autorin widmet ihr Werk *Ungepflückte und Stetsbeglückte Rose der unschätzbaren Freyheit* (Zürich 1693) Hortensia von Salis und ihrer Verwandten Anna Elisabetha Menhart zum Dank für deren Unterstützung in einem Streit um den Stellenwert der Ehe. Hortensia kann offenbar als Vorkämpferin für die Rechte der Frauen in ihrer Zeit gewürdigt werden.

Das Schaffen von Hortensia von Salis war sehr lange Zeit in Vergessenheit geraten und wurde erst im 20. Jahrhundert wiederentdeckt. Tiefer Glaube und leidenschaftliches Interesse an wissenschaftlichen Themen waren für sie kein Widerspruch. Heute gilt Hortensia von Salis als erste Bündner Gelehrte, als Kämpferin für die Rechte der Frauen und erste Vertreterin einer höheren Frauenbildung.

Anmerkungen

1 Der sogenannte Bündner Adel ist nicht mit dem europäischen Hochadel zu vergleichen; es handelt sich dabei vielmehr um Familien, denen im Laufe der Jahrhunderte aufgrund ihrer Verdienste in fremden Diensten das vererbbare «von» verliehen wurde. Gemeinhin wird dieser Adel in den Drei Bünden als ‹Junkertum› bezeichnet; Letzteres wurde auf der Standesversammlung 1794 abgeschafft.

2 Vgl. Maya *Widmer*, Hortensia von Salis verw. Gugelberg von Moos. Glaubens-Rechenschafft – Converations Gespräche – Gebät, Bern 2003, 16f.

3 Vgl. *Widmer*, Hortensia von Salis, 17.

4 Die Bibliothek wurde von Hortensias Grossvater, der Schloss Salenegg 1654 erworben hatte, begründet und bis ins 20. Jahrhundert ständig erweitert.

5 Vgl. Johann Andreas *von Sprecher*, Kulturgeschichte der Drei Bünde, bearbeitet und neu herausgegeben mit Einführung, wissenschaftlichem Anhang, Textergänzungen und Literaturnachtrag von Rudolf Jenny, Chur [3]1976, 466.

6 Vgl. *Widmer*, Hortensia von Salis, 19f.

7 Hortensia *von Salis*, Glaubens-Rechenschafft einer Hochadenlichen Reformiert-Evangelischen Dame […], Zürich 1695, 7.

8 *von Salis*, Glaubens-Rechenschafft, 13.

9 *von Salis*, Glaubens-Rechenschafft, 18.

10 *von Salis*, Glaubens-Rechenschafft, 18.

11 Vgl. *Widmer*, Hortensia von Salis, 34.

12 Vgl. Martin *Anosi*, Unerschöpfliche, zeitlich und ewig-erfreuende Trost-Quelle aller armen busswürckenden, christgläubigen Sünderen […], Leich- und Trau-Predigt für Hortensia von Salis […], Chur 1715, 19–62.

Literaturangaben

Primärquellen

Martin *Anosi*, Unerschöpfliche, zeitlich und ewig-erfreuende Trost-Quelle aller armen büsswürckenden, christgläubigen Sünderen […], Leich- und Trau-Predigt für Hortensia von Salis […], Chur 1715.

[Camilla], Die Ungepflückte und Stetsbeglükte Rose der unschätzbaren Freyheit, o. O. [Zürich?] 1693 (www.e-rara.ch).

Hortensia *von Salis*, Glaubens-Rechenschafft einer Hochadenlichen Reformiert-Evangelischen Dame […], Zürich 1695 (www.e-rara.ch).

Dies., Geist- und Lehr-reiche Conversations Gespräche […], Zürich 1696 (www.e-rara.ch).

Dies., Recht Christliches nach dem Gebåt deß HErren Welches wir das h. Vatter Unser nennen/ gerichtetes Tägliches Gebät […], Chur 1715.

Sekundärquellen

Silke Margherita *Redolfi*, Für die Freiheit des Geistes – für die Freiheit der Frauen, Terra Grischuna 72 (2013), Heft 5, 30–34.

Jürgen J. *Seidel*, Die Anfänge des Pietismus in Graubünden, Zürich 2010.

Johann Andreas *von Sprecher*, Kulturgeschichte der Drei Bünde, bearbeitet und neu herausgegeben mit Einführung, wissenschaftlichem Anhang, Textergänzungen und Literaturnachtrag von Rudolf Jenny, Chur [3]1976.

Maya *Widmer*, Hortensia von Salis verw. Gugelberg von Moos. Glaubens-Rechenschafft – Conversations Gespräche – Gebät, Bern 2003.

Michèle Wenger

Hortensia von Salis und ihre Hauptschrift *Glaubens-Rechenschafft* (1695)

Protestantisches Manifest einer gebildeten Frau im 17. Jahrhundert

Historischer Hintergrund

Der Dreissigjährige Krieg und mit ihm die Bündner Wirren von 1618 bis 1639 waren für das Gebiet des Dreibündestaates ein schwieriges Vermächtnis: Wirtschaftlich konnten sich die Drei Bünde zwar erholen, waren aber weiterhin von den konfessionellen Streitigkeiten geprägt. Das Gebiet blieb im Konflikt zwischen Reformations- und Gegenreformationsbewegungen, und die konfessionellen Spannungen verstärkten sich in den 1690er Jahren erneut.

Die *Glaubens-Rechenschafft* (Zürich 1695) von Hortensia von Salis, verwitwete Gugelberg von Moos, entstand in eben jener Zeit. Sie zeugt als Dokument von einer theologischen Positionierung einer reformierten Christin gegenüber der römisch-katholischen «Glaubens-Warheit», die im Büchlein *Wohlriechende, Hertz- und Seel-stärckende Meßblum* (Zug 1694) von Johann Jakob Gartner vertreten wurde. Hortensia von Salis erhielt jenes Büchlein von einem katholischen Priester zusammen mit der Bitte, sich zu den acht «Religions-Puncten»[1] zu äussern, zu denen Gartner verschiedene Einwände gegen den reformierten Glauben vorgebracht hatte. Die *Glaubens-Rechenschafft* ist schliesslich die Antwort der «hochadenlichen Dame».[2]

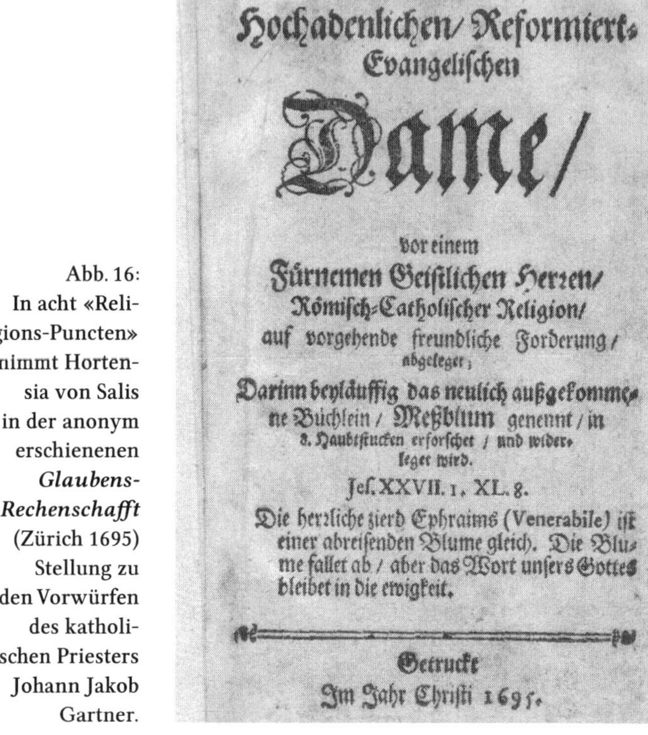
Glaubens- Rechenschafft
einer
Hochadenlichen/ Reformiert-
Evangelischen
Dame/
vor einem
Fürnemen Geistlichen Herren/
Römisch-Catholischer Religion/
auf vorgehende freundliche Forderung/
abgeleget;
Darinn beyläuffig das neulich außgekomme-
ne Büchlein / Meßblum genennt / in
8. Haubtstucken erforschet / und widerleget wird.
Jes. XXVII. 1. XL. 8.
Die herrliche zierd Ephraims (Venerabile) ist
einer abreisenden Blume gleich. Die Blume fallet ab / aber das Wort unsers Gottes
bleibet in die ewigkeit.

Getruckt
Im Jahr Christi 1695.

Abb. 16: In acht «Religions-Puncten» nimmt Hortensia von Salis in der anonym erschienenen *Glaubens-Rechenschafft* (Zürich 1695) Stellung zu den Vorwürfen des katholischen Priesters Johann Jakob Gartner.

Inhalt und Ausführungen zur *Glaubens-Rechenschafft*

Hortensia von Salis baute ihre Schrift gemäss den von Gartner angebrachten Einwänden auf und unterteilte sie deshalb gleichfalls in acht Abschnitte. Sie vertritt dabei eine fromme, protestantische Haltung und verteidigt jene, indem sie sie – ganz im Sinne der Reformation – biblisch unterlegt. So beweist die Autorin ihre Gelehrtheit nicht nur mit ihren rhetorischen Fähigkeiten, sondern auch mit ihrem theologisch fundierten Wissen.

Das Schreiben richtet sich an einen Geistlichen der römisch-katholischen Kirche und nimmt nach dem Anfangsgruss gleich Ziel und Zweck des Textes vorweg: Hortensia von Salis will überzeugen. «E[uer] H[och] Wůrden [...] von Jrrthum und Unwůssenheit / in denen so hoch nothwendigen Religions-Puncten / abzeuhen / und zu Erkantnuß der Wahrheit / die da ist nach der Gottseligkeit / anfůhren möchte.»[3]

Die Fůrbitt der Heiligen

Unter Berufung auf Joh 16,23 erklärt Hortensia von Salis in diesem ersten Abschnitt, warum sich ein Glaubender alleine auf Jesus Christus und damit auf Gott verlassen soll, und nicht auf die Fürbitte von Heiligen. Sie verwirft hier das in der *Meß-Blum* Geschriebene, nämlich, dass Heilige oder Engel beim Herrn Fürbitte für andere halten sollen.

Unter Verweis auf Dan 5 will sie zeigen, dass der direkte Weg der Fürbitte über Gott alleine gehen soll, denn alle Erscheinungen von Engeln seien schliesslich Gesandte des einen Gottes gewesen, der durch sie hindurch gewirkt habe. Hortensia von Salis führt mithilfe alttestamentlicher und neutestamentlicher Stellen aus, dass weder durch Engel, noch durch Heilige oder Maria als Mutter Jesu Gott anzurufen sei, sondern dass all jene Versuche schon in der Bibel als «Abgötterey»[4] verworfen würden (Kol 2,18 und Apg 22,9).

Die Gegenwart des wahren Leibs Christi in der Meß

Entgegen der katholischen und lutherischen Auffassung des Abendmahls, in der von einer «Veränderung»[5] des Brotes («Hostie») zum Fleisch Christi sowie des Weines zum Blut Christi ausgegangen wird, vertritt Hortensia von Salis eine reformierte Abendmahlstheologie, in der keine leibliche Realpräsenz Christi angenommen wird. Dieser zufolge führt die Autorin aus, dass Christus nicht durch die Einsetzungsworte eines Priesters («Hoc est enim corpus meum» / «Das ist mein Leib»[6]) in die Hostie hineinkommen könne, sondern alleine durch das Wirken des Heiligen Geistes. Als Analogie dafür benutzt Hortensia von Salis die Empfängnis Christi, die ebenfalls ohne Priester sowie priesterliche Worte ausgekommen, dafür durch den Heiligen Geist gewirkt worden sei. Hier wird einerseits der Abendmahlslehre der katholischen und lutherischen Kirche widersprochen und gleichzeitig der priesterlichen Weihe Macht abgesprochen.

In der zweiten Begründung, warum eine leibliche Realpräsenz Christi in den Elementen des Abendmahls abgelehnt wird, findet sich die Berufung auf die Vernunft des Menschen und auf das, was sinnlich wahrgenommen werden kann. Hortensia von Salis schreibt, dass Christus in der Schrift, beschrieben als Mensch und Sohn Gottes, dem Christus in der Messe in nichts ähnlich sei.[7] Er sei weder als Fleisch noch als Blut wahrnehmbar noch habe er irgendeine substanzielle Ähnlichkeit als Mensch mit der im Abendmahl aufgenommenen Hostie oder dem Wein. Fast schon spöttisch fragt die Autorin danach, wo denn Christus im Mahl sterbe – in der Wandlung, im Kauen, in den fünf Worten des Priesters oder wenn er von ihm verschlungen wird? Hortensia von Salis gebraucht das apostolische Glaubensbekenntnis, um nach dem Christus im Mahl zu fragen. Sie gibt zu verstehen, dass das Bekenntnis zu Christus als Sohn Gottes, der als Mensch auf die Erde kam, gekreuzigt wurde und gestorben, auferstanden und in den Himmel gefahren ist, sich nicht mit der Lehre von der Transsubstantiation vereinen liesse. Immer wieder verweist Hortensia von Salis auf die Bibel, und schliesst sich damit an die Argumentation Ulrich Zwinglis an. Besonders betont sie, was in der Bibel nicht geschrieben steht («Jch schreibe Euch nichts anders / als was ihr selber leset.»[8]; «Benennet mir das Buch / und Capitel / so will von Hertzen Ja und Amen darzu sagen.»[9]). Die Ausführungen gipfeln in einem nicht unerheblichen Vorwurf gegen den römisch-katholischen Klerus:

> Jch muß mein Hertz noch um etwas außlåhren / und der wurtzel des Jrrthums zugraben. Es bedunckt mich die alte Hochpries-

> ter- und Priesterliche Dignitåt habe dem Papst und der Clerisey gwaltig in die Augen geschinnen / daß sie solche zuhaben verlanget. Priester aber kõnten sie nicht seyn ohne Opfer. Und weil sie ein leibliches Priesterthum gesucht / so mů̂ßten sie auch haben ein leibliches Opfer. Dazu mů̂ßte ihnen / im mangel aller anderen Opferen der Thieren / welche durch Christum abgeschaffet worden / dienen Christus der Herr selber. Dessen Fleisch und Blut wolten sie auf erden haben / solte es auch kosten was es wolte. Und weil sie solches weder kõnnen / noch dõrffen auß dem Himmel herab holen; so mů̂ssten sie durch außspruch der fůnff Worten geschaffen werden.[10]

Deutlich sticht hier die Kritik an der Macht des Priestertums hervor. Hortensia von Salis lässt durchblicken, dass das *solus Christus* der Reformation für sie keine Opferdienste von Priestern zulasse, weder im Abendmahl noch sonst irgendwo. Im Gegenteil: Alle Versuche, das Opfer Christi zu wiederholen, grenzten an Vergöttlichung der Menschen und Blasphemie.

Von dem Fegfeůr

Ein weiterer Punkt in der *Glaubens-Rechenschafft* ist die Frage nach dem Fegefeuer. Die Autorin lehnt das Fegefeuer als Erfindung ab, da es in der Heiligen Schrift nirgends zu finden sei. Die Ausführungen zum Fegefeuer erinnern stark an die Rechtfertigungslehre Luthers, in der die Rechtfertigungsinstanz Gott alleine ist und dessen Gnadengabe den Gläubigen davon befreit, in einer Vorhölle büssen zu müssen. Die Christusfrömmigkeit von Hortensia von Salis tritt hier wiederum stark hervor, denn sie betont, dass Christus für die Sünden der Menschen gestorben sei, sein Opfer genüge und damit ein Fegefeuer obsolet mache.

> Dann es kommen die / so den H. Geist låsteren nicht in daß Fegfeuer / sondern ohne bedenken / in die Hõll; und ist ihre sůnde der beschaffenheit / daß sie nach den heiteren worten Marci. 3: 29. keine verzeihung hat in die ewikeit.[11]

Der Abschnitt zum Fegefeuer wird kurz unterbrochen durch den Einschub des Genfer Psalter 84, einem Lobpsalm. Damit drückt die Autorin ihre Sehnsucht und die Hoffnung aus, einmal in Gottes Gesellschaft im Himmel zu weilen. Dieser Zwischengesang zeigt, dass diese Apologie des Glaubens für die Autorin eine Herzensangelegenheit darstellt und dass die Streitpunkte wichtig für die Ausübung ihres persönlichen Glaubens waren.

Von denen Bilderen

Hortensia von Salis schreibt dazu Folgendes:

> Jch hab zwaren gelesen / daß er zu ihnen gesprochen; Gehet hin in alle Welt / und prediget das Evangelium aller Creatur / aber noch nicht gefunden daß dabey stehe / machet auch allerhand Statuen und bilder von gold / silber / ertz / metall / und sonst kůnstlicher penselarbeit / damit die leuth solche in ihrem Gottsdienst brauchen / und davor ihr gebett verrichten. Es muss solches hinden an dem blat stehen / welches den gemeinen Leyen / wie ich und meines gleichen sind / nicht zusehen wird.[12]

Hortensia von Salis genügt es nie, nur die Verse der Bibel aufzuführen, die ihrer Meinung nach gegen die Praxis der Katholiken sprechen, sie überspitzt auch jene Stellen (wie hier den Missionsbefehl in Mt 28,19f.), die eine entsprechende Anweisung vermissen lassen. Wegen des Bilderverbots in Ex 20,4 und weiteren Stellen lässt sich die Schriftstellerin hier nicht lange auf eine Ausführung ein. Für sie ist klar: Gott kann und soll nicht abgebildet werden und auch Darstellungen von Cherubinen und andere Abbildungen sind eher Grund zur Beschämung als Grund zur Verehrung.[13]

Von denen Altåren, Messgewåndern, Kreutz-machen, Ampelen, Liechteren und [...] Ceremonien

Mit der Verwendung von «äusserlichen Ceremonien» als Betitelung für Einrichtung, Bekleidung und weitere Rituale der römisch-katholischen Kirche zeigt sich die klare Positionierung der Autorin. Die äusseren Werke sind ohne die innere Haltung nichtig und deswegen in sich selbst nichtssagend.

Von dem Stand des Coelibats

Der Verweis auf die Pastoralbriefe, den auch die Reformatoren bereits gemacht haben, kommen im Abschnitt zum Zölibat bei Hortensia von Salis wieder zum Zuge. Paulus verweise ebenfalls auf die Ehe und vor allem auf die Vorbildfunktion der Bischöfe und Diakone. Dass ihnen aber das Heiraten verboten wäre, ist in der Heiligen Schrift nirgends zu lesen. Hortensia von Salis verweist hierzu auf Dr. Heidegger, der in seinem Büchlein übers Zölibat bereits eine Abhandlung geschrieben hätte.[14] Die selbst Verwitwete gibt zu bedenken, dass auch katholische Priester in einer Ehe gezeugt worden seien und dass demgegenüber eine solch scharfe oder gar verachtende Ablehnung des Ehestandes keineswegs angemessen sei.[15]

Von der Nůchterkeit und Fasten der Priesteren wie auch von ihren siben Tagzeiten

Der Forderung, mit leerem Magen in den Gottesdienst zu gehen und die Kommunion zu empfangen, kann Hortensia von Salis nichts Gutes abgewinnen. Mit einem Seitenhieb schreibt sie, dass selbst Kleriker kein Mass hielten und stete Völlerei betrieben.[16] Die Angst davor, dass eine heilige Speise wie die Hostie zusammen mit anderen weniger heiligen Speisen im Magen zusammenträfe, tut die Autorin damit ab, dass sie sagt, als Christus das Mahl eingesetzt habe, sei er auch nicht nüchtern gewesen. So spielt es für die Protestantin keinerlei Rolle, ob das Abendmahl nüchtern oder nicht nüchtern eingesetzt wird.

Über das Fasten lässt sich sagen, dass Hortensia von Salis grossen Wert darauf legt, in welcher Haltung es geschieht. Niemand tadle das Fasten als solches, doch man solle es nicht zum eigenen Ruhm tun. Hier spricht Hortensia von Salis auch davon, dass vor allem in Klöstern augenscheinlich wenig gefastet würde.

Zur Tradition des Stundengebets zitiert sie erneut aus der Heiligen Schrift: Für Hortensia gibt es keinen Grund, feste Gebetszeiten einzurichten, sondern beten soll man ohne Unterlass im Geist (vgl. 1Thess 5,17). Das stete Gebet bildet so eine Grundhaltung, die zumindest für Hortensia von Salis selbstverständlich schien.

Von den guten Wercken und deren verdienst durch die Mitwuͤrckung

Johann Jakob Gartner bringt in seiner *Meß-Blum* den Vorwurf, dass im reformierten Kontext die Werke nichts zählten und sie deswegen nicht getan werden müssten. Der Glaube alleine richte alles aus und ein Glaubender könne so ohne gute Werke leben. Hier wehrt sich Hortensia von Salis entschieden und zeigt eine Einigkeit mit der römisch-katholischen Kirche, insofern als sie sich mit der Notwendigkeit guter Werke einverstanden erklärt. Sie setzt die Differenz dahingehend fest, dass für sie andere Werke als wahrhaft gute Werke gelten als bei Katholiken. Reu- und Busswerke wie Selbstkasteiung oder Wallfahrten, gottesdienstliche Werke wie der Bau von Kapellen, Kirchen und Klöstern als auch Opfer und Gaben seien Betrugswerk, denn der Mensch könne sich nicht selbst zum Heil verhelfen. Wer also die Werke tut, damit einem selbst Gutes geschieht, tut sie nach Hortensia von Salis aus dem falschen Grund. Wie aber tut man die guten Werke? Wahrhaft gute Werke würden zu Gottes Ehre getan und nicht zum eigenen Verdienst.

Im Schlusswort zeigt sich noch einmal die Absicht der Autorin:

> Meine groͤste ehr / freud und vernuͤgung were / wann ich durch diese meine geringe Arbeit / nur einen einigen von dem Jrrthum seines wegs abzeuhen und zu Gott / und seiner wahrheit haͤtte

> bekehren kͤonnen! Den außtrag befehle Gott / so wol alß Euer Hochw. und verbleibe etc.[17]

Beginn der Frauenbewegung in der Schweiz

Bewusst wird einem vor allem durch die immer wiederkehrenden Bemerkungen der Autorin, wie schwierig es sein musste, zu ihrer Zeit als gebildete Frau ernstgenommen zu werden. Hortensia von Salis verweist immer wieder etwas spöttisch auf die ihr zugewiesene Rolle als ‹Frauenzimmer›, derer sie mit dieser *Glaubens-Rechenschafft* weder entspricht noch gerecht werden will. Hortensia nutzt ihre Rolle zu ihrem Vorteil aus, indem sie sich ihr bewusst ist, aber aktiv entgegenstellt, um das Rollenbild zu ändern anstatt sich ihm zu unterwerfen. Gerade solche Schriften wie die *Glaubens-Rechenschafft* bieten für feministische Leseansätze viele Anknüpfungspunkte. Sie geben Einsicht in die Bildungsmöglichkeiten einer adligen Frau aus Graubünden im späten 17. Jahrhundert und zeigen auf, wie die Frauenbewegung in der Schweiz ihren Anfang nahm.

Theologisch bewegt sich die *Glaubens-Rechenschafft* in einer spannenden Abgrenzung- und Positionierungsdynamik. Während zum einen eine starke Rechtfertigung des eigenen Glaubens und der eigenen Kirche in den Vordergrund rückt, werden auch die unterschiedlichen Auffassungen und Streitigkeiten als Kernpunkte des Glaubens fixiert. Insofern steht Hortensia von Salis mit ihren Ausführungen in der Tradition der Reformation, indem sie deren Eckpunkte – man denke an die vier *Soli* der Reformation: *sola scriptura, sola gratia, sola fide, solus Christus* – nennt. So selbstverständlich die ausgeführten Streitpunkte für die protestantische Theologie sein mögen, so speziell werden sie hier verbunden mit der tiefen Frömmigkeit einer gebildeten Frau. Es ergibt sich aus der *Glaubens-Rechenschafft* nicht nur das Bild einer protestantischen Theologie, sondern auch das Bild einer grossen Glaubensüberzeugung.

Anmerkungen

1 [Hortensia *von Salis*], Glaubens-Rechenschafft […] (1685), in: Maya Widmer, Hortensia von Salis verw. Gugelberg von Moos. Glaubens-Rechenschafft – Conversations Gespräche – Gebät, Bern 2003, 67.
2 Weiteres zum Hintergrund der Entstehung der *Glaubens-Rechenschafft* siehe im Beitrag von Danuser (S. 88f.).
3 *von Salis*, Glaubens-Rechenschafft, 67.
4 *von Salis*, Glaubens-Rechenschafft, 73.
5 Gemeint ist die Transsubstantiationslehre (katholisch) sowie die Konsubstantiationslehre (lutherisch).
6 Mk 14,22.
7 Vgl. *von Salis*, Glaubens-Rechenschafft, 79ff.
8 *von Salis*, Glaubens-Rechenschafft, 79.
9 *von Salis*, Glaubens-Rechenschafft, 85.
10 *von Salis*, Glaubens-Rechenschafft, 93.
11 *von Salis*, Glaubens-Rechenschafft, 97.
12 *von Salis*, Glaubens-Rechenschafft, 103.
13 *von Salis*, Glaubens-Rechenschafft, 104.
14 Vgl. [Johann Heinrich *Heidegger*], Partheno-Gamica. Das ist: Christliche Lehr von dem H. Ehe-Stand/und keuschen Coelibat […], Zürich 1677.
15 Vgl. *von Salis*, Glaubens-Rechenschafft, 106.
16 Vgl. *von Salis*, Glaubens-Rechenschafft, 107.
17 *von Salis*, Glaubens-Rechenschafft, 116.

Literaturangabe

Maya *Widmer*, Hortensia von Salis verw. Gugelberg von Moos. Glaubens-Rechenschafft – Conversations Gespräche – Gebät, Bern 2003.

Rahel Strassmann Zweifel

Margret Zeerleder-Lutz (1674–1750)
Eine Berner Pietistin

Einleitung

Für Margret Zeerleder-Lutz war die gelebte eigene Frömmigkeit das Wichtigste. Die Sehnsucht nach Gott und ihr Drang, sich an Jesus Christus zu halten, war das zentrale Moment ihres Lebens. Diesem hat sie auch die Wahl ihres zukünftigen Mannes unterstellt. Sie schreibt:

> Ich vor mich aber habe mehr auf eine Gott gefällige Verwandschafft, als auf einiges anders gesehen, damit ich in der Gemeinschafft derselben frey und ungehindert nach meinem Licht und Gewissen Gott leben und dienen könnte, welches ich mir auch vor allem aus= und vorbehielte. (LL, 33)[1]

Zentral war es, so die Autorin im Rückblick, die eigene Frömmigkeit auch als verheiratete Frau weiterhin leben zu können. Seit ihrer Bekehrung als etwa zwanzigjährige Frau richtete sie ihr Leben ganz auf Gott aus:

> Es dunckete mich die allervergnügteste und edelste Sache, mit Gott in seinem Umgang zu seyn: Es war mir so wohl, das ich meine Seeligkeit und Zufridenheit mit keinem Menschen vertauschet hätte: Mein grösste Sorg und Bemühung war mir allezeit, dass ich Tag und Nacht in einer innigen Zukehr, und vertrauten Umgang mit Gott bleiben möchte, [...] (LL, 18)

Später wird sie berichten, dass dieser Gott ihr Leben erhalten habe (vgl. LL, 55). Dem ‹Umgang mit Gott› hat sie, wie sie in ihrem Lebenslauf später berichtet, alles untergeordnet.

Biografische Stationen

Margret Lutz wurde 1674 als Tochter der Pfarrfamilie Lutz geboren. Ihr Vater war Pfarrer in Kirchdorf (BE), das zwischen Thun und Bern liegt und als «die beste Pfrund im Land»[2] bezeichnet wurde. Ihrer Autobiografie ist zu entnehmen, dass sie durch ihre Eltern streng erzogen wurde. Sie durfte keine Besucher von anderen Erweckten empfangen und ihren pietistisch geprägten Onkel konnte sie auch nicht besuchen. Als junge Frau erlebte sie ihr Elternhaus als «Bedrangniss» (LL, 32). Es ist zu vermuten, dass ihre Eltern eine andere Art der Frömmigkeit gelebt haben und dadurch die Beziehung zu ihnen für Margret eher schwierig war.

Doch sie hat sich ihre Freiräume erkämpft. So auch in ihrem Elternhaus, als sie die erweckten Leute, die sie besuchen wollten, trotzdem empfangen hat – nämlich in der Nacht:

> Es kamen auch von vielen Orten Leute zu mir, mit denen ich offt halbe Nächte mit grosser Freudigkeit des Hertzens von göttlichen Dingen redete, und uns mit einander erbaueten; [...] (LL, 26)

Mit dem Drang nach Freiraum hat sie auch ihren Ehemann ausgewählt. Indem sie auf «eine Gott gefällige Verwandschafft» geachtet hat, hat sie sich damit die Freiheit ausbedungen, ihre eigene Frömmigkeit zu leben. Johann Jakob Zeerleder (1675–1737) entstammte auch einer Pfarrfamilie und wuchs in Kirchberg bei Burgdorf (BE) auf. Noch bevor Zeerleder 1699 eine eigene Apotheke in Bern eröffnete, heiratete er Margret Lutz im Jahr 1698. Nach ihrer Heirat zog die Familie nach Bern. Das Umfeld der Familie Zeerleder war pietistisch geprägt oder der pietistischen Bewegung nahestehend.[3] Margret Zeerleder-Lutz stand fortan einem grösseren bürgerlichen Haushalt vor; sie gebar drei Töchter, die sich später der Herrnhuter Brüdergemeinde in Bern anschlossen. Die Ehe und die Gründung ihrer eigenen Familie, was auch das Führen ihres eigenen Haushaltes beinhaltete, ermöglichten ihr mehr Freiheit und Eigenständigkeit im eigenen Glaubensleben. Sie war nicht mehr Teil ihres Elternhauses und somit unabhängig von ihren Eltern. Sie stand in Abhängigkeit ihres Mannes, den sie jedoch, wie oben beschrieben, mit Bedacht ausgewählt hat. Die pietistische Frömmigkeit von Margret Zeerleder-Lutz hatte ihren Platz in dieser Ehe.[4]

Vom ‹Umgang› mit Gott – Margret Zeerleder-Lutz' Autobiografie

Das Thema der Freiheit bzw. der inneren Freiheit ist das Grundthema ihrer Autobiografie *Glückselige Freyheit, Entgegen gestelt Der beschwerlichen Dienstbarkeit […].* Eine erste Auflage erschien 1740 in Neuwied am Rhein beim Drucker Johann Balthasar Haupt. Als Herausgeber wird ein «von einem nach der Natur und Gnade Hochgebohrnen»[5] angegeben. Die Schrift erschien also nicht unter dem Namen Margret Zeerleders.

Die zweite Auflage erschien dann 1743 in Bern, ebenfalls anonym. Aber sehr wahrscheinlich kannten die Berner Leserinnen und Leser die Autorin. Die Schrift ist der pietistischen Erbauungsliteratur zuzuordnen. Nach einer Vorrede, die allerdings nicht von der Autorin geschrieben worden ist, sind neben dem Lebenslauf von Margret Zeerleder vierzehn thematische Andachten und biblische Betrachtungen von ihr gedruckt worden. Einige dieser Andachten sind mit Jahreszahlen versehen, z. B. die Weihnachts-Gedanken (von 1733 und 1734)[6] sowie die Andacht zum Neujahrsmorgen 1735.[7] Mit den Angaben dieser Jahreszahlen, dem Besuch bei Samuel Güldin in Stettlen[8] und den Hinweisen aus ihrem Lebenslauf lässt sich in etwa auch der Zeitpunkt der Abfassung des Lebenslaufes festhalten, der gemäss Bosshard zwischen 1733 und 1737 liegt.[9]

Glückselige
Freyheit,
Entgegen gestellt
Der beschwehrlichen
Dienstbarkeit.
Oder:
Einfältige Hertzens-
Und
Erfahrungs-Lehr,
Einer
Durch die Wahrheit frey gemachten
Schweitzerischen Frauen.
Für Sie, ihre Kinder, und andere Heyls-
begierige, hungerige Gnaden-Kinder.
Zweyte Auflag.
BERN,
Zu finden, bey Gabriel Gaudard. 1743.

Abb. 17: Das Titelblatt der in zweiter Auflage, aber anonym erschienenen ***Glückseligen Freyheit*** (Bern 1743) von Margret Zeerleder-Lutz.

Die Autobiografie kann in vier Teile gegliedert werden:

(a) Der Lebenslauf beginnt mit ihrem plötzlichen Erweckungserlebnis, das sie als «Besuchung und Rührung von Gott» (LL, 13–14) beschreibt. Sie berichtet von vier erfüllten Jahren, in denen sie ‹Umgang› mit Gott hatte.

(b) In einem zweiten Teil werden Jahre «grosser Dürre» thematisiert. Wo sie vorher unaussprechliche Freuden erlebte, fühlte sie sich nun der Gottverlassenheit ausgesetzt.

Sie spürt die «Rührung von Gott», wie sie es nennt, nicht mehr. Ihre Gebete und der eigene Lobpreis erfüllten sie nicht mehr in der gleichen Weise wie früher. Sie spürte Gott in ihrem Herzen nicht mehr und erlebte keine gefühlsmässige Gotteserfahrung mehr. Sie beschreibt: «Ich hatte grossen Kummer und wusste nicht, wo es fehlte, dass ich die freundliche Gegenwart Gottes, seine inwendige Kraft und Freude, die ich an ihm hatte, nicht mehr fühlete.» (LL, 30) Dies bedeutete für sie insbesondere körperliche und seelische Krankheit und Angst (vgl. LL, 29). Sie fühlte sich einsam und konnte sich nicht mit anderen über ihre seelischen Nöte austauschen, wie sie zuvor über ihre Freuden über Gott mit Gleichgesinnten im Austausch gestanden hatte. Trotz allem hielt sie an ihrer Liebe zu Gott fest: «[...] so wolle ich doch meines Gottes seyn, und ihn dannoch lieben, er sey meiner Liebe wohl werth, wann er mich schon nicht lieben wollte; [...]» (LL, 30) Dieser Entschluss brachte ihr in ihrer Not gewisse Erleichterung, aber sie zweifelte weiterhin an sich selbst und ihrem Glauben an Gott. Insbesondere setzte ihr weiterhin die «Zerstreuung» (LL, 35), wie sie es nennt, zu: Sie konnte sich nicht auf ihr Gebet und somit auf Gott konzentrieren. Dahinter steht die pietistische Vorstellung, im Alltag in intensivem Kontakt mit Gott stehen zu müssen. In diese Zeit fiel auch ihre Heirat mit Johann Jakob Zeerleder.

(c) Im dritten Teil der Autobiografie berichtet Zeerleder-Lutz von einer Besserung ihres Gemütszustandes – sie übte sich im Suchen Gottes: im Beten, Lesen und der Stille. So erlebte sie einen Durchbruch zur Freiheit: «Es war mir nichts anders, als alle die Dinge, Sünden, und Gedancken, auch Zerstreuungen, die mich vorher so entsetzlich gequält und geplagt, fielen mir wie schwere Ketten ab; welches dann mein Hertz gegen Gott so einschmeltzte, dass ich mich je länger, je stiller und inniger zu ihm hielt Tag und Nacht.»

(LL, 42) Sie erlebte wieder «Gnaden-Besuchungen» von Gott. Heiterkeit, Licht und Freude erfüllten ihr Herz. Sie schwärmt von der Gnade Gottes, die ihr wieder neu anvertraut worden sei (vgl. LL, 42).

(d) Der Lebenslauf erreicht dann die Gegenwart: Das Erzähltempus wechselt in Präsens. «Dieses ist nun gegenwärtig meine Ubung, mein höchster Zweck, dass ich meinen GOtt hertzlich möge lieben, völliger in ihm werden, und alles, was noch in mir ihm zuwider, [...], möge vertilget werden.» (LL, 51) In dieser Zeit zog die Familie in die Matten, wobei nach Bosshard nicht klar wird, ob es sich bei den ‹Matten› um einen Sommersitz oder um einen Umzug handelte.[10] Margret Zeerleder war jedoch beunruhigt: Sie hatte Angst, Gott, der für sie so viel Gutes getan hatte, durch den Ortswechsel wieder zu verlieren. Margret Zeerleder beschliesst ihren Lebenslauf mit einem langen Gebet mit der Bitte um Bewährung, Lob und Dank an Gott (vgl. LL, 52–56).

Über das Leben der Autorin erfahren wir in ihrer Autobiografie wenig. Diese handelt von ihrer Geschichte mit Gott, sie selber verstand sich als Kind Gottes. Das Grundthema von Margret Zeerleders Autobiografie ist die Freiheit von der Sünde. Es ist die geistliche Erfahrung der Befreiung und der Gnade, die im Mittelpunkt ihres Lebenslaufes steht. Durch das Wort «plötzlich» werden die wichtigen Glaubenserfahrungen, einmal als «Besuchung und Rührung von Gott» (LL, 13) und später als «Gnaden-Besuchung von Gott» (LL, 43) beschrieben, angezeigt. Die erste ‹Aufweckung› kennzeichnet sie mit «da» und «plötzlich»: «[...] da ward ich plötzlich von einer so durchdringenden Krafft ergriffen, die mir durch Leib und Seele gieng, so dass mich dunckte, ich sey in dem Augenblick gantz ein anderer Mensch geworden.» (LL, 13–14) Den definitiven Durchbruch zur Freiheit beschreibt sie folgendermassen:

«Plötzlich wurde ich mit einer solchen Heiterkeit und mit einem so hellen Licht eingenommen, […]» (LL, 43)

Mit ihrem Bericht wollte Margret Zeerleder Gott rühmen und andern zeigen, dass Gottes Handeln an ihrem eigenen Leben erkennbar sei. Damit nimmt der Lebenslauf auch den Charakter eines Bekenntnisses ein.[11]

Schlüsselwörter des Lebenslaufs sind Gott und Liebe, Seele und Gnade, Herz und Himmel. Die erwähnten Bibelstellen werden nicht explizit ausgewiesen. Es fällt auf, dass die Sprache des Textes stark von der Bibel geprägt ist; aufgrund dessen lässt sich vermuten, dass Margret Zeerleder mittels biblischer Texte Lesen und Schreiben gelernt hat.[12]

Neben langen erzählenden Passagen finden sich im Lebenslauf auch solche mit erbaulichem und belehrenden Charakter (z. B. LL, 45–48). Die Belehrungen handeln von der Weltorientierung der Menschen, von der gläubigen Seele, von Christus, der die Menschen über alles liebt, und von der Sünde, die als falsche Freiheit den Menschen bedroht und darum ausgerottet werden müsse. Meistens knüpfen die Lehrteile an eine Begebenheit in der Erzählung an. Die eigene Lebenserfahrung und ihre Gedankengänge sind nicht voneinander zu trennen. Die Lehrteile sind also immer in der eigenen Erfahrung festgemacht. Die Textform der Erzählung erweist sich als offen gegenüber Belehrungen und Ermahnungen. Das eigene Ich, das hier zum Thema wird, erhält exemplarischen Charakter und ruft zur Nachahmung auf.

Ihre Frömmigkeit und Erfahrungen mit Gott

Margret Zeerleder präsentiert uns mit ihrer Schrift eine «Hertzens= und Erfahrungs=Lehr», wie sie vom Herausgeber im Titel beschrieben wird. Ihre Schrift stellt eine Lehre über die Erfahrung mit Gott dar, keine Lehre über Gott. Der Begriff des Herzens ist von zentraler Bedeutung in ihrer Frömmigkeit.

Bosshard bestimmt es als eine «Hermeneutik des Herzens»[13]. Damit ist gemeint, dass ihre Gotteserfahrungen nur mit dem Herzen nachzuvollziehen seien. Gott sprach ihr ins Herz, er veränderte ihr Herz und ihr Leben. Die Gnadenerfahrung Gottes könne nur mit dem Herzen wahrgenommen und erfasst, und nicht in Worten ausgedrückt werden. Sie schreibt über Gottes Ruf in seine Gnade: «O da zerschmaltz mein Hertz in tausend Thränen: wie ware es doch meiner Seelen zumuthe! Das kann mit dem Hertzen empfunden, aber unmöglich mit Worten ausgedruckt werden.» (LL, 14) Das Wissen darüber war als tiefgründiges Wissen im Herzen gespeichert. Die subjektive Gottes- und Glaubenserfahrung erhielt einen hohen Stellenwert. Problematisch kann dies werden, wenn diese zur allgemein gültigen Offenbarung wird. Margret Zeerleder hat aber die individuelle Erfahrung nicht an die Stelle der biblischen Offenbarung gesetzt, sondern lediglich dem eigenen Herzensglauben einen wichtigen Stellenwert zugemessen. Ihr Verlangen nach religiöser Erfahrung war ausgeprägt und hat in ihrem Leben stetig zugenommen – so hat sich die uralte Kluft zwischen diesem Verlangen und seiner endlichen Stillung weiter geöffnet.[14]

Nicht nur das eigene Erleben, sondern auch die Bibel werde vom Herzen her gelesen und gedeutet: «Ich lase gern die Heilige Schrifft, sonderlich das Neue Testament, da mit die Reden des Herrn Jesu Christi, des Hochgelobten Heylandes, ungemein zu Hertzen giengen, und mir so lebendig waren, [...]» (LL, 18)

Ihre Art, mit der Bibel umzugehen, entsprach dem damaligen pietistischen Umgang mit der Bibel. Die Bibel wurde als Lesebuch entdeckt – vorher las man im *Collegium Pietatis* nämlich Erbauungsbücher, nicht aber die Heilige Schrift. Die bedeutende Neuerung des pietistischen Umgangs mit der Bibel war ihre Wiederentdeckung als Erbauungsbuch.[15] Die Orthodoxie als Gegenpol stellte vor allem den Lutherischen Katechismus, die von Martin Luther geschriebene Glaubenslehre, bekannt als *Grosser* und *Kleiner Katechismus*, und die Psalmen in den

Mittelpunkt. In pietistischen Kreisen war hingegen ein fester Leseplan üblich, gemäss diesem wurde die Bibel in einem oder mehreren Jahren durchgelesen. Nach pietistischen Anleitungen zum Bibellesen ist die Bibel jedoch langsam und mit Andacht zu lesen. Die Leserinnen und Leser sollen sich die Texte zu Herzen nehmen und dürfen dabei erwarten, Gottes Stimme in den Texten zu hören. Das Erlebte, Erfahrene oder Gehörte soll sodann umgesetzt werden: in Busse, Gebet, Lob und Dank oder in Tat. Andächtiges Ergriffensein ist Kriterium für richtiges Bibellesen.

Der reflektierende Bericht über das eigene Leben, wie er uns von Margret Zeerleder vorliegt, setzt Gott, das eigene Ich und die Welt zueinander in Beziehung, so wie auch in den Tagebüchern das pietistische ‹Ich› erschaffen wurde. Gleichzeitig entspricht Margret Zeerleders Bericht über ihre ‹Aufweckung› und Bekehrung dem Grundschema Bekehrung – Krise – Befreiung, wie es auch in anderen pietistischen Lebensläufen beschrieben wird.[16] Zeitlich gerafft werden die Durchgangsstadien des individuellen Erlösungsprozesses dokumentiert. Gott wendet sich den Menschen zu (‹Gnadenwahl›) und weckt in ihnen ein dringendes Bedürfnis, dem Ruf der Gnade Gottes zu antworten und in eine Gottesbeziehung einzutreten (‹Umgang mit Gott›), durchkreuzt diese Anstrengung jedoch, bis die Menschen resignieren und sich ganz auf Gott verlassen (‹Durchbruch zur Freiheit›) und in die tiefe Überzeugung gelangen, dass es nur Gott ist, der sie erlösen kann (‹den Gnadenstand erlangt zu haben›). Trotz dieser Erfahrung kannte Margret Zeerleder keine Heilsgewissheit. Sie stand immer in der Spannung von Heilsunsicherheit und Vorsehung. Sie schrieb: «[...] als sich reinigen und erlösen lassen, und der Heiligung mit Ernst nachjagen, durch welche wir des ewigen Lebens theilhafftig werden.» (LL, 48) So scheint es nach Bosshard berechtigt, die dem Pietismus innewohnende Tendenz zum Synergismus, des Mitwirkens der Menschen im Heilsprozess, auch im Text der Berner Pietistin zu sehen.[17]

Auch andere geschriebene Lebensläufe kennen den beschriebenen Wechsel von erzählenden und reflexiv-ermahnenden Textpassagen. Margret Zeerleders Lebenslauf gleicht in vielem der Autobiografie von Johanna Eleonora Petersen (1644–1724).[18] So war damals das Schreiben, insbesondere im Pietismus, in hohem Masse von Mustern und bestehenden Formen abhängig.[19] Die Lebensläufe wirken damit stereotyp: Frauen schrieben kürzere Berichte, die Männer folgten eher dem Genre des humanistischen Gelehrtenlebenslaufes.

Der biografische Teil der Leichenpredigt[20] stellte insbesondere für Frauen einen Orientierungspunkt für das autobiografische Schreiben dar. So verbanden die Frauen ihren Lebenslauf häufig mit einem geistigen Vermächtnis an ihre Nachkommen, auch in Ermangelung der für einen humanistisch geprägten Lebenslauf notwendigen Bildungs- und Berufsgeschichte. So waren die Lebensläufe der Frauen stärker durch intertextuelle Bezüge zur Bibel und zur erbaulichen Literatur geprägt. Gerade das Erstellen von Lebensläufen hat aber wesentlich zum Fortbestehen des Pietismus beigetragen.[21]

Margret Zeerleder-Lutz als pietistische Autorin

Wie kam Margret Zeerleder-Lutz aber dazu, ihre Glaubensgeschichte aufzuschreiben? Um dies zu klären, ist es notwendig, den zeitgeschichtlichen Kontext, in dem Margret Zeerleder lebte, zu skizzieren:

Die Bekehrung von Margret Zeerleder fällt in die 1690er Jahre, eine Zeit, als der Pietismus sich zu einer eigentlichen Reform- und Erweckungsbewegung innerhalb der bernischen Kirche entfaltet hatte.[22] Der Pietismus in seinen Anfängen war in Bern eine heterogene Bewegung, der die Reformation zu Ende bringen wollte. Die Bewegung, zu der sich auch einige Pfarrer der Berner Kirche zählten, wollte die Kirche von innen her reformieren. Einer dieser Pfarrer war Samuel Güldin, Pfar-

Abb. 18: Frontispiz der ***Glückseligen Freyheit*** (Bern 1743) von Margret Zeerleder-Lutz.

rer in Stettlen, den Margret Zeerleder während der vier Jahre andauernden «Freuden-Zeit» auch besucht hatte. Auch in ihrem Lebenslauf berichtete sie darüber. Sie gehörte zu den Pietistinnen der ersten Stunde. Schon bei sich im Elternhaus empfing sie Besuch von Gleichgesinnten, die sich untereinander über ihren Glauben austauschten und sich auf diese Weise miteinander verbanden. Im Lebenslauf erwähnt sie an mehreren Stellen die kostbaren und motivierenden Gespräche mit gläubigen Freundinnen und Freunden. Schon in diesem Kontext spielte die Praxis des Aussprechens eine wichtige Rolle. Dies gehörte zum Ziel einer christlichen Gesprächsgesellschaft.

Die pietistische Bewegung kam jedoch immer mehr unter Druck, da sie sich insbesondere von aussen, z. B. vom Grossen Rat von Bern, nicht so klar von der Täuferbewegung, die unter anderem eine radikale Umsetzung der Bergpredigt forderten und z. B. den militärischen Dienst ablehnten, unterscheiden liess.[23] Der Grosse Rat führte 1699 für seine Repression gegen die Pietisten mehrere Argumente ins Feld, wobei neben der Einheit und lehrmässigen ‹Reinheit› der Kirche auch die Eintracht der Republik und die sich verändernde Rolle der Frau innerhalb der Bewegung eine wichtige Rolle spielten. Tatsächlich kamen die Frauen innerhalb der pietistischen Bewegung zu gewissen Aufgaben und Freiräumen, die nicht der traditionellen Frauenrolle entsprachen. Durch die Repression verloren die führenden Pfarrer ihre Ämter, einige wurden verbannt und einige gingen aufgrund fehlender Perspektiven ins Exil.

So wurde auch Samuel Lutz (1674–1750), Pfarrer und gleichzeitig Margret Zeerleder-Lutz' Cousin, nach Yverdon versetzt. Er war mit Margret Zeerleder freundschaftlich verbunden. Sie unterhielten Briefkontakt und besuchten einander immer wieder. Bei ihm habe sie auch die notwendige Glaubensstärkung geholt, wenn sie in ihrem Glauben schwierige Zeiten durchgemacht habe.[24] Auch Pfarrer und Pietist Samuel König (1671–1750), der einen prophetisch-enthusiastischen, separatistischen Pietismus vertrat, wurde verbannt und ging ins Exil nach Deutschland. Der oben erwähnte Samuel Güldin emigrierte später nach Amerika. Auffallend ist, dass Margret Zeerleders Zeit der geistlichen «grossen Dürre» in etwa die gleiche Zeit wie die Berner Repression fällt (vgl. LL, 29). Margret Zeerleder hatte jedoch auch mit Samuel König – sie war die Patin eines seiner Kinder – weiterhin Kontakt, mehrere Male fand er bei ihr illegal Unterschlupf, bis er wieder nach Bern zurückkehren durfte.[25] Korrespondiert hat Margret Zeerleder auch mit dem Pietisten Hieronymus Annoni aus Basel (1697–1770) und mit Nikolaus Ludwig Graf von Zinzendorf (1700–1760), dem Gründer der Herrnhuter Brüdergemeinde.[26] Es kann davon ausgegangen werden, dass Margret Zeerleder, trotz vielen anderen Kontakten am stärksten von Samuel Lutz beeinflusst worden ist, weil sie bei ihm Unterstützung in schwierigen Zeiten gesucht hatte.

Margret Zeerleder zog sich aufgrund der Repression ins Private zurück. Sie erzählt in ihrem Lebenslauf, wie sie auch nicht mehr zur Kirche ging, obwohl ihr Mann weiterhin mit der Berner Kirche verbunden war und je einen Kirchenstuhl in der Heiliggeist-Kirche und im Berner Münster besass. Weiterhin nahm Margret Zeerleder in der pietistischen Bewegung eine wichtige Stellung ein. Zum einen beherbergte sie spätestens in den Jahren nach 1710 fromme Gäste aus dem In- und Ausland. Dies ist aus einem Bericht über ihre Tochter Anna Margareta im Herrnhuter Lebenslauf ersichtlich:

> Sie sahe in ihren jungen Jahren bey ihrer Mutter allerhand Arten von Menschen, die was Gutes vorgaben oder suchten, aus u[nd] eingehen u[nd] logiren, weil ihrer frommen Mutter Principium war, lieber 100 Unwürdigen zu dienen, als einem einzigen wahren Kinde Gottes die nöthige Hülfe zu versagen, deren sie denn auch würkli[ch] die Gnade gehabt zu logiren, u[nd] Gutthätigkeit zu erweisen. Allein das finstere u[nd] melancholische Aussehen vieler dieser Leute, erweckte bey ihr [der Tochter, R. S. Z.] mehr wiederwillen [sic!] als Lust sich zu bekehren.[27]

Insbesondere hatte sie auch sogenannte Inspirierte, die Bern besuchten, gekannt: Sie versagte ihnen die Unterkunft nicht wie andere Berner Pietisten, aber sie stellte ihnen nur eine kalte Kammer zur Verfügung und ging somit auf Distanz.

Die mit dem Lebenslauf publizierten Andachten und Bibelbetrachtungen lassen zudem vermuten, dass bei Margret Zeerleder wohl Konventikel stattfanden. Es ist anzunehmen, dass sie im Rahmen der Konventikel gepredigt, Andachten gehalten und ihre Glaubensschwestern und -brüder bewirtet hatte. Ihr Hang zum Predigen ist auch erkennbar am Wechsel von Erzähl- und Ermahnungstext im Lebenslauf.[28]

Es ist aber klar, dass Margret Zeerleder nur im Privaten diese Rolle übernehmen konnte. Als sich der Pietismus in Bern langsam zu institutionalisieren begann, verloren die Frauen zunehmend ihre Aufgaben, die sie nur hatten übernehmen können, weil die Bewegung im Privaten agiert hatte.[29] Offizielle Rollen und Aufgaben waren den Frauen weiterhin versagt.

Margret Zeerleder hat ihr Haus geöffnet und Besuche empfangen, da sie selbst als Hausfrau nicht aus ihrem Haus hinauskonnte. Gleichermassen schrieb sie Briefe, anstatt selbst (wie z. B. die Sendboten) zu reisen. Für die pietistische Bewegung war das gegenseitige Schreiben eine zentrale Stütze geistiger Kommunikation: um sich zu sammeln, Gleichgesinnte zu finden und sich untereinander zu verbinden und vernetzen. Der Brief erhielt als Kommunikationsmittel eine gemeinschaftsfördernde Funktion – er ersetzte (wie in neutestamentlicher Zeit) den persönlichen Besuch und wurde als «Seelenbesuch» verstanden.[30] Gerade darum war die Form des Briefes für pietistische Frauen ungemein wichtig, um mit anderen in Kontakt zu kommen. Über Briefe wurde die eigene Identität konstruiert, und so konnte sich im Pietismus jede(r) mitteilen. Briefe wurden in der pietistischen Bewegung gleichermassen auch zum Lesen weitergegeben: «Als halböffentliche und zugleich intime literarische Form unterlag er dem Wagnis der Veröffentlichung nicht und wurde deshalb gerade auch von Frauen in Anspruch genommen.»[31] So kann angenommen werden, dass Margret Zeerleder, auch in Kenntnis von anderen Lebensläufen, eine eigene Niederschrift ihrer Biografie wagte, um ihre eigene Befreiung zum Glauben zu dokumentieren und anderen damit in ihrem Glauben ein Vorbild zu sein.

Im Blick auf ihr Leben zieht sich als gewissermassen roter Faden durch, dass sie sich immer wieder kleinere und grössere Freiräume für ihren Glauben und damit auch für sich selbst geschaffen hat. Im Rückblick hält Marget Zeerleder in ihrem Lebenslauf über ihre Heirat fest:

> Nun diesen meinen Zweck habe ich gefunden, vor welche Gutthat ich Gott in Ewigkeit loben, und ihm dancken werde, dann mein Mann mir nicht im geringsten zuwider gewesen, sondern, wie er mir versprochen, alle Freyheit gelassen, nach meinem Licht, Gewissen und Uberzeugung zu leben. (LL, 33)

Anmerkungen

1 Die Seitenzahlen in den Klammern verweisen jeweils auf das Werk *Glückselige Freyheit, Entgegen gestellt Der beschwerlichen Dienstbarkeit. Oder: Einfältige Hertzens= und Erfahrungs=Lehr, Einer Durch die Wahrheit frey gemachten Schweitzerischen Frauen. Für Sie, ihre Kinder, und andere Heyls=begierige, hungerige Gnaden=Kinder* (Bern: Gabriel Gaudard, 1743) von Margret Zeerleder-Lutz. Zitate aus dem Lebenslauf werden jeweils mit Klammer (LL, Seitenzahl) nachgewiesen.

2 Simon *Bosshard*, «Du hast mich in meinen Jugend=Jahren aus dem Verderben der Welt gezogen, und zu dir berufen...». Die Berner Pietistin Margret Zeerleder-Lutz (1674–1750) und ihr «Lebens=Lauff», [Lizentiatsarbeit phil I], Zürich 1999, 42.

3 Vgl. *Bosshard*, Pietistin, 44–46.

4 Vgl. *Bosshard*, Pietistin, 106–107.

5 [Margret *Zeerleder-Lutz*], Glückseelige Freyheit, Entgegen gestellt Der beschwehrlichen Dienstbarkeit, Oder: Einfältige Hertzens= Und Erfahrungs=Lehre, Einer durch die Wahrheit frey gemachten Scheitzerischen DAME, Für Sie, Für ihre Kinder, und andere Heils=begierige, hungrige Gnaden=Kinder. Zum Druck befördert Von einem nach der Natur und Gnade Hochgebohrnen, Neuwied 1740, A^{r}.

6 Vgl. [*Zeerleder-Lutz*], Freyheit, 195–202. 202–213.

7 Vgl. [*Zeerleder-Lutz*], Freyheit, 213–232.

8 Vgl. Rudolf *Dellsperger*, Die Anfänge des Pietismus in Bern. Quellenstudien, Göttingen 1984, 56–66.

9 Vgl. *Bosshard*, Pietistin, 8.

10 Vgl. *Bosshard*, Pietistin, 46.

11 Vgl. *Bosshard*, Pietistin, 21.

12 Vgl. *Bosshard*, Pietistin, 100.

13 Vgl. *Bosshard*, Pietistin, 68–71.

14 Vgl. Rudolf *Dellsperger*, Erfahrung als Grund des Glaubens im radikalen Pietismus und in der Aufklärung. Margret Zeerleder-Lutz, Charles Hector de Marsay, Gottfried Arnold und Albrecht von Haller, in: ders., Zwischen Offenbarung und Erfahrung, Gesammelte Aufsätze zur historischen Theologie, Zürich 2015, 187f.

15 Vgl. Johannes *Wallmann*, Vom Katechismuschristentum zum Bibelchristentum. Zum Bibelverständnis im Pietismus, in: Richard Ziegert (Hg.), Die Zunkunft des Schriftprinzips, Stuttgart 1994, 38–40, 44–47.

16 Vgl. *Dellsperger*, Erfahrung, 167–173. Anders die Lebensläufe der Herrnhuter Brüdergemeinde: Sie stellten nicht das Bekehrungserlebnis und den Busskampf in den Mittelpunkt ihres Lebenslaufes, sondern eine Darstellung ihres ‹Ganges durch die Zeit› und legten damit Rechenschaft über ihren Glauben ab. Die Lebensläufe erhalten dadurch stärkeren Bekenntnischarakter (vgl. Erika *Geiger*, Zinzendorfs Stellung zum Halleschen Busskampf und zum Bekehrungserlebnis, in: Unitas Fratrum. Zeitschrift für Geschichte und Gegenwartsfragen der Brüdergemeine 49/50 [2002], 13–22).

17 Vgl. *Bosshard*, Pietistin, 74.

18 Vgl. Ruth *Albrecht*, Johann Eleonora Petersen. Theologische Schriftstellerin des frühen Pietismus, Göttingen 2005.

19 Vgl. *Bosshard*, Pietistin, 34–37.

20 Leichenpredigten wurden im 17. und 18. Jahrhundert sehr häufig gedruckt – gerade in eher pietistischen Kreisen – und wurden oft zur eigenen Erbauung gelesen.

21 Vgl. *Bosshard*, Pietistin, 58.

22 Vgl. *Dellsperger*, Anfänge, 52ff.

23 Vgl. Rudolf *Dellsperger*, Täufertum und Pietismus um 1700. Das Beispiel Bern, in: ders., Zwischen Offenbarung und Erfahrung, Gesammelte Aufsätze zur historischen Theologie, Zürich 2015, 73ff.

24 Vgl. Paul *Wernle*, Der schweizerische Protestantismus im XVIII. Jahrhundert, Bd. I: Das reformierte Staatskirchentum und seine Ausläufer (Pietismus und vernünftige Orthodoxie), Tübingen 1923, 313.

25 Vgl. Rudolf *Dellsperger*, Samuel Königs Grundsätze von der Allgemeinen Gnade Gottes (1723), in: Wilfried Härle und Barbara Mahlmann-Bauer (Hg.), Prädestination und Willensfreiheit, Luther, Erasmus, Calvin und ihre Wirkungsgeschichte. Festschrift für Theodor Mahlmann zum 75. Geburtstag, Leipzig 2009, 224.

26 Es ist mindestens je ein Brief aus dieser Korrespondenz erhalten (vgl. *Dellsperger*, Erfahrung, 168). Margret Zeerleder stand mit weiteren Pietistinnen und Pietisten in brieflicher Verbindung, z. B. mit Gräfin Henriette von Wittgenstein und Hector de Marsay, der auch bei ihr Herberge fand; die Quellenlage ist jedoch sehr schlecht (vgl. *Bosshard*, Pietistin, 53–55).

27 Zitiert nach: *Dellsperger*, Erfahrung, 168.

28 Auch Julie Bondeli (1731–1778), eine aufgeklärte Frau aus derselben Zeit, die einen eigenen Salon führte, hat ihren eigenen Freiraum erkämpft. Salons, die u. a. der Lektüre von aufklärerischem Gedankengut gewidmet waren, entwickelten sich etwa zur gleichen Zeit wie die pietistischen Konventikel. Beide Frauen konnten eine bemerkenswert selbstbestimmte Lebensweise führen. Für Margret Zeerleder wäre diese Freiheit jedoch nicht ohne das Einverständnis ihres Mannes möglich gewesen, Julie Bondeli wiederum wurde von ihrem Vater entsprechend ausgebildet und unterstützt. Bildung und Erziehung ermöglichte den beiden Frauen ihre Eigenständigkeit. Gemäss heutigem Wissensstand wurden ‹Konventikel› oder ‹Salons› fast ausschliesslich von Patrizier- oder Aristokratendamen veranstaltet (vgl. Angelica *Baum* und Brigitte *Schnegg*, Julie Bondeli. Eine Citoyenne der République des Lettres, in: Elisabeth Ryter et al. (Hg.), Und schrieb und schrieb wie ein Tiger aus dem Busch. Über Schriftstellerinnen in der deutschsprachigen Schweiz, Zürich 1994, 30–51). Nebenbemerkung: Eveline Hasler hat die Geschichte der *femme de lettres* in ihrem Roman *Tells Tochter – Julie Bondeli und die Zeit der Freiheit* wunderbar nacherzählt.

29 Vgl. *Bosshard*, Pietistin, 88–91.

30 Vgl. *Bosshard*, Pietistin, 91–93.

31 *Baum*, Bondeli, 41.

Literaturangaben

Primärquelle

[Margret *Zeerleder-Lutz*], Glückselige Freyheit, Entgegen gestellt Der beschwerlichen Dienstbarkeit. Oder: Einfältige Hertzens= und Erfahrungs=Lehr, Einer Durch die Wahrheit frey gemachten Schweitzerischen Frauen. Für Sie, ihre Kinder, und andere Heyls=begierige, hungerige Gnaden=Kinder, Bern: Gabriel Gaudard, ²1743 (www.e-helvetica.nb.admin.ch).

Sekundärquellen

Angelica *Baum* und Brigitte *Schnegg*, Julie Bondeli. Eine Citoyenne der Répbublique des Lettres, in: Elisabeth Ryter u. a. (Hg.), Und schrieb und schrieb wie ein Tiger aus dem Busch. Über Schriftstellerinnen in der deutschsprachigen Schweiz, Zürich 1994, 30–51.

Simon *Bosshard*, «Du hast mich in meinen Jugend=Jahren aus dem Verderben der Welt gezogen, und zu dir berufen …». Die Berner Pietistin Margret Zeerleder-Lutz (1674–1750) und ihr «Lebens=Lauff». [Lizentiatsarbeit], Zürich 1999.

Rudolf *Dellsperger*, Die Anfänge des Pietismus in Bern. Quellenstudien, Göttingen 1984.

Ders., Erfahrung als Grund des Glaubens im radikalen Pietismus und in der Aufklärung. Margret Zeerleder-Lutz, Charles Hector de Marsay, Gottfried Arnold und Albrecht von Haller, in: ders., Zwischen Offenbarung und Erfahrung. Gesammelte Aufsätze zur historischen Theologie, Zürich 2015, 165–188.

Ders., Samuel Königs Grundsätze von der Allgemeinen Gnade Gottes (1723), in: Wilfried Härle und Barbara Mahlmann-Bauer (Hg.), Prädestination und Willensfreiheit, Luther, Erasmus, Calvin und ihre Wirkungsgeschichte. Festschrift für Theodor Mahlmann zum 75. Geburtstag, Leipzig 2009, 223–236.

Ders., Täufertum und Pietismus um 1700. Das Beispiel Bern, in: ders., Zwischen Offenbarung und Erfahrung, Gesammelte Aufsätze zur historischen Theologie, Zürich 2015, 69–102.

Johannes *Wallmann*, Vom Katechismuschristentum zum Bibelchristentum. Zum Bibelverständnis im Pietismus, in: Richard Ziegert (Hg.), Die Zukunft des Schriftprinzips, Stuttgart 1994, 30–56.

Paul *Wernle*, Der schweizerische Protestantismus im XVIII. Jahrhundert, Bd. I: Das reformierte Staatskirchentum und seine Ausläufer (Pietismus und vernünftige Orthodoxie), Tübingen 1923.

Selina Anliker

Ursula Meyer (1682–1743)
Als Thunerin in der separatistischen Inspirationsgemeinde auf der Ronneburg

Biografische Stationen

Ursula Meyer[1] wurde 1682 in Thun geboren, kurz bevor viele hugenottische und waldensische Glaubensflüchtlinge in die Schweiz und Teile Deutschlands kamen. Als Untertanenstadt von Bern war Thun ab 1684 vertraglich dazu verpflichtet, die Glaubensgeschwister aufzunehmen. Denn Bern schloss mit dem brandenburgischen Kurfürsten einen Vertrag, um das Land wieder zu bevölkern, das nach dem Dreissigjährigen Krieg unterbevölkert war. Die Flüchtlinge brachten neben ihrem Glauben auch die Strumpfmanufaktur in die Schweiz. Neue Impulse im Glauben verhalfen dem Pietismus zum Erfolg; die bis dahin in der Schweiz unbekannte Strumpfmanufaktur brachte neue Verdienstmöglichkeiten und dem Staat willkommene Einnahmen, da Strümpfe und Seidenwaren fortan weniger importiert werden mussten, sondern selbst hergestellt und in andere Gegenden exportiert werden konnten.

In dieser Zeit wuchs Ursula mit ihren Geschwistern auf. Sie hatte auch einen Halbbruder, «der junge Hünig»[2] genannt, den ihre Mutter Rosina Fankhauser, eine gebürtige Thunerin, mit in die Ehe gebracht hatte. Diese heiratete 1674 nach dem Tod ihres ersten Mannes Ursulas Vater, Caspar Meyer, ebenfalls ein Thuner Burger. Mit diesem hatte sie vier Kinder, Georg (1678), Helena (1679), Ursula (1682) und Caspar (1683), die alle in Thun getauft wurden.

Die Familie zog 1686 nach Bern, wo der Vater Caspar Meyer später zum Postverweser ernannt wurde. In Bern verbrachten Ursula und ihre Geschwister ihre restliche Kindheit. Weiterhin soll der Vater, während die Familie bereits in Bern wohnte, in Thun für die Weide von bis zu acht Kühen verantwortlich gewesen sein – so ist anzunehmen, dass die Familie vermögend war und sich darum einen Knecht leisten konnte.

Seine Kinder erlernten das Handwerk des Strumpfwebers respektive der Strumpfweberin und der Vater erwarb mehrere Webstühle, die Ursula und ihre Geschwister benutzen konnten. Dadurch konnten sich alle ihren Lebensunterhalt selbst verdienen, was es gerade auch den beiden Töchtern Ursula und Helena ermöglichte ledig zu bleiben.

Kurz nach 1700 zog die Familie zurück nach Thun, wo sie sich dem «pietistischen Zirkel um Herr[n] Dr. Johannes Rubin»[3] anschloss. Dieser ‹Zirkel› ist in Bern selbst unterdrückt worden, konnte aber trotzdem solche Bekanntheit erlangen, dass einige Zuhörerinnen und Zuhörer aus Bern dazustiessen. In früheren Jahren waren zumindest die beiden Schwestern wohl bereits Zuhörerinnen gewesen, schlossen sich aber nicht offiziell an, vermutlich um dem Vorurteil, Pietisten verführten junge Leute, nicht in die Hände zu spielen.

Besonders die privaten Zirkel mit Frauenbeteiligung waren der Berner Kirche ein Dorn im Auge, denn die Leute dieser Zirkel kritisierten die Kirche öffentlich und nahmen teilweise nicht mehr an Gottesdiensten und am Abendmahl teil. Auch löste die Tatsache, dass Frauen und Männer gemeinsam diskutierten, verschiedene Spekulationen darüber aus, was diese meist jungen Leute in ihren verschlossenen Räumen sonst noch so treiben würden. Daher wurde im grossen Berner Pietistenprozess im Juni 1699 beschlossen, die Schuldigen dieses ‹Schlamassels› auszuweisen oder zu büssen, wodurch mehrere Pfarrer und Prediger ihres Amtes enthoben wurden.[4] Doch auch diese drastischen Massnahmen hinderten nicht alle daran, weiterhin an pietistischen Versammlungen teilzunehmen. Auch die Familie Meyer zählte zu den Unerschrockenen.

Im Jahre 1710 führte ein rechtlicher Streit[5] zwischen dem jüngsten Bruder, Caspar Meyer, und den Schwestern Hele-

Abb. 19: Stich der Ronneburg in der deutschen Grafschaft Ysenburg (um 1850), nahe bei Frankfurt am Main, wo sich 1715 Ursula Meyer und ihre Schwester Helena der (separatistischen) Inspirationsgemeinde anschlossen.

na und Ursula Meyer – und vermutlich auch das weiterhin rigide Vorgehen Berns gegen Pietisten – dazu, dass alle drei Geschwister die Schweiz verliessen. Der ältere Bruder Georg war bereits in den Niederlanden, zu ihm machte sich Caspar auf. Die Schwestern zogen gemeinsam in Richtung der deutschen Grafschaft Ysenburg, die sich nahe bei Frankfurt am Main im heutigen Bundesland Hessen befindet. Dort schlossen sie sich 1715 der separatistischen Inspirationsgemeinde auf der Ronneburg an.

Die reformierte Grafschaft Ysenburg wurde bereits Ende des 17. Jahrhunderts aufgrund des geltenden Erbrechts in sechs kleine Teilgrafschaften aufgeteilt. Diese Teilgrafschaften boten diversen Flüchtlingen gegen ein Beisassengeld[6] Zuflucht, wodurch die Region zum Ursprungsland der Inspirationsgemeinden werden konnte. Seit 1712 galt das Büdingen'sche Toleranzpatent, das mehr oder weniger allen Christen Toleranz und Bleiberecht gewährte, was sehr viele andernorts unerwünschte ‹Separatisten› anlockte.

In ihrer Zeit auf der Ronneburg hatte Ursula Meyer erstmals sogenannte Aussprüche, d. h. göttlich eingegebene Botschaften für die Gemeinde oder einzelne Menschen der Gemeinde. Sie unternahm auch mehrere Reisen durch württembergisches Gebiet und durch die Deutschschweiz, wie die Ortsangaben der Aufzeichnungen ihrer Aussprüche zeigen. Ursula Meyer hielt als ‹Werkzeug› Gottes öffentliche Aussprüche von 1715 bis 1719, hatte allerdings nach eigenen Angaben noch bis 1722 Inspirationen, machte diese aber nicht mehr öffentlich.

Ab 1730 hatte die Inspirationsgemeinde Kontakt zu Zinzendorf und den Herrnhutern. Waren sie anfangs gute Freunde, zerstritten sich Zinzendorf und Bruder Rock, der damalige Anführer der Inspirierten, bereits zwei Jahre später.

Zinzendorf kam 1736, nach seiner Ausweisung aus Kursachsen, zurück auf die Ronneburg und baute dort seine Gemeinde neu auf. Da die Herrnhuter auch bei den Inspirierten erfolgreich warben, waren sie bei deren Ältesten entsprechend unbeliebt. Rasch wurde der Umgang mit Herrnhutern verboten.

Zwischen 1738 und 1740 verliess Ursula Meyer die Ronneburg und zog weiter in Richtung Frankfurt am Main, wo sie mit ihrer Schwester bis zu ihrem Tod im Januar 1743 lebte. Weiteres ist über ihr Leben nach 1738 nicht bekannt.

Als Inspirierte auf Reisen

Ursula Meyer und vermutlich ihre ganze Familie, sicher aber die jüngsten drei Geschwister, waren schon in Bern fasziniert vom Pietismus. Vermutlich pflegten sie schon vor 1700 Kontakt mit pietistischen Kreisen in Thun; mit Sicherheit schlossen sie sich aber 1700 nach ihrem Umzug nach Thun dem Kreis um Dr. Johannes Rubin an. In diesen Zirkeln erfuhr Ursula Meyer, dass auch Frauen eine eigene Meinung zu Glauben und Leben haben durften. Ihr Vater dürfte sie in ihrer Entwicklung zu einer Frau mit eigenständigem Lebensstil unterstützt haben – liess er doch sie und ihre Schwester sowie ihren jüngeren Bruder Caspar das von den Hugenotten mitgebrachte Handwerk des Strumpfwebens erlernen und überliess ihnen auch einen oder mehrere Webstühle, womit sie ihren Lebensunterhalt selbst bestreiten konnten. Diese Selbständigkeit ermöglichte ihnen auch die spätere Niederlassung auf der Ronneburg sowie sonstige Reisetätigkeiten; ihre Arbeit führte zu einem gewissen Vermögen, wodurch sie von andern Leuten unabhängig waren.

In der inspirierten Gemeinde auf der Ronneburg nahm Ursula schnell eine Führungsrolle ein. Sie war eines von vier sogenannten ‹Werkzeugen›, das heisst, sie hatte prophetische Aussprüche, die sie als von Gott eingegeben verstand. Während vier Jahren sprach sie öffentlich im ‹Namen Gottes›, was sie zu der Person auf der Ronneburg macht, die am zweitlängsten von Gott als ‹Werkzeug› gebraucht wurde. Länger sprach nur noch Johann Friedrich Rock, genannt Bruder Rock, einer der Ältesten und ab 1728 die alleinige Leitperson der Inspirationsgemeinde.

Ursula reiste in ihrer Zeit als ‹Werkzeug› viel, was aus den verschiedenen Ortsangaben der gesammelten Aussprüche hervorgeht. Ihre erste Reise trat sie bereits am 4. April 1715 an, kurze Zeit nachdem sie sich der Gemeinde angeschlossen hatte und nicht einmal drei Wochen nach ihrem ersten Ausspruch. Mit Christoph Adam Jäger von Jägerburg reiste sie durch württembergisches Gebiet bis in ihre Heimatstadt Thun. Bruder Rock war darüber nicht erfreut, denn er glaubte, einige Tage vor ihrer Abreise von Gott erfahren zu haben, dass er mit Ursula ins Württembergische reisen sollte. Während er auf eine Bestätigung wartete, reiste Ursula dann allerdings mit

Jäger ab und er musste für seine Reise, die er einige Tage später antrat, mit anderer Begleitung vorliebnehmen.

Ihre zweite grosse Reise unternahm Ursula Meyer Ende Juli desselben Jahres. Sie reiste nach Schwarzenau, um die Gemeinde dort vor sogenannt falschinspirierten Holländern zu warnen. Diese holländischen Inspirierten kamen kurz nach ihr dort an und konnten bald Anhänger gewinnen. Offenbar gab es zwischen den Holländern und dem Gemeindeleiter Eberhard Ludwig Gruber Streitigkeiten über die Führung der Gemeinde. Es ging wohl darum, dass Gruber die Leute in feste Gebetsgruppen eingeteilt hatte, sich aber nicht alle Leute gerne einteilen liessen. Diese Streitigkeiten hatten schon vorher bestanden, aber mit den Holländern verschärften sich diese und die Fronten verhärteten sich. Auch Ursula stellte sich später auf die Seite der Holländer und sprach auch inspirierte Reden gegen den ehemaligen Pfarrer Gruber, Leiter der Gemeinde. Daraufhin warf dieser ihr vor, von einem falschen Geist Eingebungen zu bekommen. Da Gruber anscheinend die Gabe der Geistunterscheidung hatte, also zwischen falschen und echten Propheten unterscheiden konnte, traf der Vorwurf schwer. Nach einer Prüfung, bei der sie die Abschrift ihres Ausspruchs ins Feuer legen sollte, um zu beweisen, dass er göttlich ist, widerrief sie die Aussage, denn das Papier war verbrannt. Nach diesem Schlag kehrte sie auf die Ronneburg zurück und hielt sechs Monate lang keine Aussprüche.[7]

In ihrer ‹Schweigezeit› scheint Ursula Meyer sich mit alltäglichen und «äusserlichen Geschäften»[8] von den Inspirationen abgelenkt zu haben, damit sie keine Aussprüche mehr tätigte. Sie entzog sich auch dem geistlichen Gemeindeleben, sie ging nicht mehr zum öffentlichen Gebet, wo sie oft Aussprüche getätigt hatte. In der Inspirationshistorie von Gottlieb Scheuner von 1830 heisst es, dass sie sich nach ihrem stillen Leben vor der Erweckung als ‹Werkzeug› sehnte und sie wohl deshalb möglichst vielen Gelegenheiten für Inspirationen aus dem Weg ging. Sie hörte auch nicht auf Ermahnungen und Bitten von anderen Gemeindegliedern, dass sie sich wieder für die Inspirationen öffnen solle. Erst ein Besuch des «Radikalpietisten Hochmann von Hochenau»[9] änderte ihre Meinung. Offenbar hatte sie ihn bereits gekannt und bat ihn, sie zu besuchen. Dieser konnte sie animieren, die Gebetszeiten wieder zu besuchen und schliesslich hatte sie am 29. Februar 1716 wieder einen öffentlichen Ausspruch: Einen Tadel an sich selber, dass sie so lange gebraucht hatte, um sich wieder zu öffnen.

Diese bewusste Schweigezeit zeigt, dass Ursula ihre Aussprüche sehr ernst genommen und sie der Vorwurf der Falschinspiration hart getroffen hatte. Sie wollte von Gottes Geist inspiriert sein und nicht bloss um Aufmerksamkeit heischen. Ihr schien wichtig zu sein, dass sie ihrer Gemeinde helfen könne und Gott als Werkzeug zur Verfügung stehe, aber sie wollte keine Zwietracht säen. Entsprechend reiste sie auch nochmals nach Schwarzenau, um sich wieder mit Gruber zu versöhnen.

Nach ihrem letzten öffentlichen Ausspruch am 24. September 1719 hatte sie nach eigenen Angaben noch bis 1722 prophetische Inspirationen, hielt diese jedoch nicht mehr in öffentlichen Aussprüchen. Bekannt ist zudem, dass seit 1721 in der ganzen Gemeinde keine öffentlichen Aussprüche mehr abgehalten wurden. Ursula zog sich von der Gemeinde zurück, blieb jedoch Mitglied bis höchstens 1740.

Es ist nicht bekannt, weshalb Ursula Meyer aufhörte, Aussprüche öffentlich zu tätigen. Von der Gemeinde wurde vermutet, dass die Abwesenheit ihrer Schwester einen Einfluss darauf gehabt hatte. Ihre Schwester Helena Meyer reiste 1719 nach Thun und blieb dort länger als erwartet. Sie hatte bereits vorher begonnen, sich von der Gemeindeleitung zu distanzieren, vermutlich weil diese 1716 beschlossen hatte, das Seelenleben ihrer Mitglieder öffentlich zu prüfen. Dies war wahrscheinlich ein Versuch, eine drohende Gemeindespaltung abzuwenden, die durch die gleichen holländischen Inspirierten ausgelöst wurde, die auch das nahe Schwarzenau gespalten hatten. Ursula Meyer hielt sich zeitlebens an ihre Schwester, daher ist es gut möglich, dass deren Abwesenheit und auch ihre Missbilligung der Gemeindeleitung einen grossen Einfluss auf Ursulas Meinung gehabt hatte.

Trotzdem distanzierte sie sich nicht von ihren Inspirationen. In einem Brief von 1738 an eine uns unbekannte Glaubensschwester nimmt sie selbst Stellung zu ihren Aussprüchen. Sie sei sich nicht sicher, ob die Aussprüche von Gott oder vom Feind gekommen seien, jedoch wären sie keine blossen Fantasien, da sie ihr sehr unangenehm gewesen seien und sie sich doch nicht davon hätte losreissen können. Da sie aber davor und danach von Gott umgeben gewesen sei und eine innere Ruhe verspürt habe, könne sie auch nicht glauben, dass die Aussprüche von einem bösen Geist gesandt worden seien.[10]

Dies zeugt von einem sehr starken Glauben. Sie hält nach zwanzig Jahren noch immer klar und ohne Zweifel fest, dass sie von Gott umgeben war, auch wenn sie gleichzeitig einräumt, dass sie nicht sicher sei, von wem die Aussprüche kamen. Es zeigt auch, dass sie sich nicht zutraute, zu unterscheiden, was von Gott und was vom Feind ist, denn das ist eine andere Gabe, wie sie ja in Schwarzenau erfahren hatte.

Es bleibt zu sagen, dass über Ursula Meyers private Gedanken wenig erhalten geblieben ist, wodurch nur Spekulationen zu den Motiven ihrer Handlungen möglich sind. Belegt ist hingegen, dass sie und die Gemeinde in der Ronneburg sich voneinander distanzierten, da weder ihr Wegzug irgendwann zwischen 1738 und 1740 noch ihr Tod 1743 in den Aufzeichnungen der Ronneburger Gemeinde vermerkt wurden. Jedoch kritisierte sie die Gemeinde nicht öffentlich, dadurch wurde sie auch später noch geschätzt und verlor ihren Status als ehemaliges Werkzeug Gottes nicht, sondern blieb eine gültige Referenzperson, wie ja auch der Druck ihrer Aussprüche zeigt.

Sie hatte wohl zeitlebens ihre eigenen Überzeugungen und folgte nicht unhinterfragt einer Führungsperson, sondern

J. J. J.
Ein
Himmlischer
Abendschein,
Noch am
Feyerabend
In und mit der Welt;
Ans Tages-Licht gestellt.

Zu
Innigster Prüfung und Erweckung
vor Sehende, und den Blinden,
Lebende, und doch Todten;
Im Reich der Gnaden
und auch
Im Reich der Natur.
Welchen der
Geist der wahren Inspiration,
durch
Ursula Meyerin,
Eine ledige Tochter aus dem Schweitzerland;
Doch hie und da im Teutschen Land, hat
bezeugen und verkündigen lassen.

Gedruckt im Jahr 1781.

Abb. 20: Posthum erschien das Werk *Ein Himmlischer Abendschein* (o. O.[Ronneburg?] 1781), eine Sammlung von 156 Aussprüchen Ursula Meyers.

machte sich Gedanken zu richtigen und falschen Handlungsmöglichkeiten. Auch war sie stets darum bemüht, ein gottgefälliges Leben zu führen. Es mag sein, dass sie von ihrer grossen Schwester Helena stark beeinflusst wurde, da die beiden immer zusammenblieben und der Bruch mit der Inspirationsgemeinde zuerst von Helena ausging. Dies lässt sich aber nicht mit Quellen belegen.

Die Aussprüche des ‹Werkzeugs›

Die Sammlung von 156 Aussprüchen Ursula Meyers wurde 1781, also fast vierzig Jahre nach ihrem Tod, unter dem Titel *Ein himmlischer Abendschein*[11] gedruckt. Dies geschah auf dringende Bitte von Berner Inspirierten, die auch die Druckkosten übernahmen.[12] Der Druck umfasst allerdings nicht alle damals noch erhaltenen Aussprüche: In anderen Sammlungen von Aussprüchen verschiedener ‹Werkzeuge› Gottes werden auch Aussprüche von Ursula Meyer zitiert, die nicht im *Himmlischen Abendschein* enthalten sind;[13] zudem wird im Vorwort festgehalten, dass eine Auswahl aus dem grossen Schatz an Aussprüchen getroffen worden sei, wie dies auch bei den anderen vier Werkzeugen der Fall gewesen sei.[14] Leider wird im Vorwort nicht erläutert, nach welchen Kriterien die Aussprüche ausgewählt worden sind, wodurch eine Abschätzung der Anzahl oder des Inhalts der fehlenden Aussprüche schwierig, wenn nicht sogar unmöglich ist.

Neben dem einleitenden Bibelzitat aus 1Kor 2,14: «Der natürliche Mensch aber vernimmt nichts vom Geist Gottes; es ist ihm eine Thorheit, und kan es nicht erkennen: denn es muss geistlich gerichtet seyn.»[15] gibt es ein Vorwort an den Leser und ein leicht abgeändertes und zusammengestelltes Bibelzitat aus Joel 2 und Röm 8: «Eure Söhne und Töchter sollen weissagen. Wer aber Christi Geist nicht hat, der ist nicht sein.»[16] Dieses soll die Legitimität der Weissagungen begründen. Es folgen dann 156 Aussprüche jeweils mit kurzer Einleitung, die den Zeitpunkt, den Ort und den Kontext des Ausspruchs sowie den Ausspruch selbst erklärt. Die Einträge sind nach Datum geordnet, lediglich zweimal wurden Aussprüche, die kurz hintereinander getätigt wurden, vermutlich unbeabsichtigt vertauscht.[17] Am Schluss gibt es ein Register mit einer Inhaltsangabe zu jedem Ausspruch.[18]

Anzahlmässig sind von der Ronneburg am meisten Aussprüche enthalten, danach folgt Schwarzenau. Ungefähr ein

Drittel der vorhandenen Aussprüche wurden an diversen anderen Orten getätigt, wodurch es möglich ist, den Verlauf der Reisen von Ursula Meyer nachzuzeichnen.

Die Hauptthemen in ihren Reden sind das tausendjährige Reich, die ewige Liebe, die Liebe zu Jesus sowie Ermutigungen und Ermahnungen an andere und sich selbst. Damit zeigt sich ein typischer Querschnitt des radikalen Pietismus resp. des mystischen Spiritualismus.[19]

Ursula Meyer scheint Anregungen für die Formulierung ihrer Aussprüche aus verschiedenen Quellen gehabt zu haben,[20] sie enthalten Zitate und Anlehnungen an die *Lutherbibel*, die *Confessio Augustana* sowie aus Johann Arndts *Vier Bücher vom Wahren Christenthum*. Diese Werke scheinen bei der Gemeinde in Ronneburg allgemein bekannt gewesen zu sein, denn Ursula Meyer war nicht die Einzige der Gemeinde, die sich darauf bezog.

Wirkung

Wie bereits die Anfrage der Berner Gemeinde für eine Spruchsammlung zeigt, war Ursula Meyer nicht nur in der Ronneburg als Prophetin bekannt, sondern auch in Bern, was wohl unter anderem ihren Reisen zu verdanken war. Als gebürtige Thunerin und aufgewachsen in Bern ist sie eine eindrückliche Zeugin für Inspirationsgemeinden in der Schweiz. Die Berner Inspirierten standen in Konkurrenz mit den Herrnhutern, die – mit Unterstützung von Samuel Lutz (1674–1750)[21] – immer mehr Zulauf hatten.[22]

Unklar bleibt, weshalb die Gemeinde auf der Ronneburg die Aussprüche nicht schon früher drucken liess, wie sie es bei drei anderen ‹Werkzeugen› bereits zwischen 1716 und 1719 getan hatte. Eine mögliche Erklärung scheint, dass Ursula Meyer nicht zu den Ältesten gehörte und somit weniger Autorität besass als die anderen drei Männer, von denen Sammlungen vorhanden sind – deswegen hatte der Druck ihrer Aussprüche wohl keine Priorität. Da Ursula Meyer bei der Gemeinde vermutlich in Ungnade gefallen war, kann auch dies eine Erklärung sein, weshalb man später immer noch zögerte, ihre Aussprüche zu drucken. Trotzdem schienen ihre Aussprüche nach wie vor geschätzt worden zu sein, da ihre Aussprüche auch nach ihrem Wegzug und Tod aufbewahrt wurden. Erst diese Tatsache ermöglichte es, dass eine Auswahl ihrer Aussprüche gedruckt werden konnte.

Da ihre Aussprüche gängige Ansichten des ekstatischen Pietismus jener Zeit abbildeten, war der *Himmlische Abendschein* als Referenzwerk geeignet, um Ansichten zu untermauern oder auch um sich schnell einen Überblick über den ekstatischen Pietismus zu verschaffen. Bis heute ist es aber unklar, bei welchen Anlässen das Buch tatsächlich gebraucht worden ist.

Anmerkungen

1 Vgl. Isabelle *Noth*, Ekstatischer Pietismus. Die Inspirationsgemeinden und ihre Prophetin Ursula Meyer (1682–1743), Göttingen 2005.

2 *Noth*, Pietismus, 42.

3 *Noth*, Pietismus, 76.

4 Vgl. dazu die Angaben im Beitrag von Rahel Strassmann Zweifel (S. 116).

5 Der Bruder Caspar Meyer hatte wohl einen Webstuhl, den der Vater den Schwestern überlassen hatte, verkauft, was die Schwestern in finanzielle Bedrängnis brachte. Caspar musste den Webstuhl ersetzen. Dennoch entbrannte weiterhin Streit, da Caspar wiederholt versucht hatte, Webstühle aus dem Besitz der Schwestern oder auch des Vaters eigenmächtig zu verkaufen (vgl. *Noth*, Pietismus, 49–51).

6 Ein Beisassengeld berechtigt die Person, an diesem Ort zu wohnen und einen bestimmten Schutz vor Willkür zu geniessen. Sie ist dann ein Beisasse. Sie hat dadurch weniger Rechte als ein Bürger, untersteht aber trotzdem offiziell den örtlichen Gerichten und hat sich an die Gesetze und Pflichten zu halten. (vgl. André *Holenstein*, Lemma: Hintersassen, in: HLS 6, 367f.)

7 Vgl. *Noth*, Pietismus, 189–194.

8 *Noth*, Pietismus, 195.
9 *Noth*, Pietismus, 195.
10 Vgl. *Noth*, Pietismus, 296–298.
11 Vgl. Ursula *Meyer*, J. J. J. Ein himmlischer Abendschein, Noch am Feyerabend In und mit der Welt; Ans Tages-Licht gestellt: Zu Innigster Prüfung und Erweckung vor Sehende, und den Blinden, lebende, und doch Todten; Im Reich der Gnaden und auch Im Reich der Natur [...], o. O.[Ronneburg?] 1781 (www.books.google.com).
12 Vgl. *Noth*, Pietismus, 155
13 Vgl. *Noth*, Pietismus, 182f.
14 Vgl. *Meyer*, Abendschein, 3f.
15 *Meyer*, Abendschein, 2.
16 *Meyer*, Abendschein, 5; vgl. Joel 2,28 und Röm 8,9.
17 Die beiden Aussprüche vom 17. Juli 1715 werden erst nach dem 18. und 19. Juli als Nummer 31 eingeordnet und der Ausspruch vom 21. April 1717 wird erst nach dem vom 30. April 1717 als Nummer 114 eingeordnet.
18 Die Nummerierung geht nur bis 154, allerdings ist die Nummer 63 doppelt vorhanden und unter der Nummer 137 sind zwei verschiedene Aussprüche enthalten.
19 Vgl. *Noth*, Pietismus, 208–270.
20 Ich verstehe bei Ursula Meyer Aussprüche bzw. Inspirationen nicht als wortwörtliche Eingebungen, sondern als Bilder, Gefühle oder sonstige Sinneseindrücke – entsprechend müssen sie von der inspirierten Person selbst formuliert werden.
21 Der Cousin von Margret Zeerleder-Lutz, vgl. dazu die Angaben im Beitrag von Rahel Strassmann Zweifel (S. 116f.).
22 Vgl. *Noth*, Pietismus, 307–319.

Literaturangaben

Primärquelle

Ursula *Meyer*, J. J. J. Ein himmlischer Abendschein, Noch am Feyerabend In und mit der Welt; Ans Tages-Licht gestellt: Zu Innigster Prüfung und Erweckung vor Sehende, und den Blinden, lebende, und doch Todten [...], o. O.[Ronneburg?] 1781.

Sekundärquelle

Isabelle *Noth*, Ekstatischer Pietismus. Die Inspirationsgemeinden und ihre Prophetin Ursula Meyer (1682–1743), Göttingen 2005.

Jan-Andrea Bernhard

Mengia Wieland-Bisaz (1713–1781)
Die erste rätoromanische Schriftstellerin

Einleitung

Pietistisches Denken kam bereits früh ins Gebiet der Drei Bünde. Schon um 1715 gab es pietistische Zirkel, die sich neben dem sonntäglichen Gottesdienst regelmässig zur Erbauung trafen. Es verwundert nicht, dass sich in der ersten Hälfte des 18. Jahrhunderts rund 50 Bündner an den Francke'schen Schulen in Halle aufhielten, und dies waren keineswegs nur Theologen, sondern auch Laien. Es erscheinen Namen wie Albertini, v. Planta, Caprez, Schorsch, Jenatsch, Sprecher v. Berneck, Perini, Bavier, Buol, Guler v. Wyneck, v. Salis, Nicolay, Capol oder Tscharner, also Geschlechter aus nahezu allen Talschaften der Drei Bünde. Für grössere Unruhen sorgte schliesslich der Aufenthalt der Herrnhuter Sendboten («Emissäre»), die seit 1745 in den Drei Bünden herumzogen. Der Churer Pfarrer Daniel Willi (1969–1755), ein grosser Anhänger des Pietismus, hatte sich gerade als Antistes mit der Mission der Herrnhuter in den Drei Bünden zu beschäftigen. Während 20 Jahren stritten ‹orthodoxe› und ‹Herrnhuter› Synodale um das richtige Verständnis des reformierten Glaubens, ja teilweise tagte die Synode – die jährliche Versammlung aller reformierten Geistlichen Bündens – gar getrennt. Erst 1778 – auf der sogenannten «Räubersynode»[1] – konnte die Spaltung der Synode unter dem Vorsitz des vermittelnden Rosius à Porta abgewendet werden.

In dieser bewegten Zeit lebte Mengia Wieland-Bisaz, die erste greifbare Schriftstellerin und Dichterin Romanischbündens.

Leben und Werk im Kontext der Zeit und Region

Mengia «Bisazia» wurde am 19. Juli 1713 als Tochter von Jachen Bisaz in Scuol geboren. Die Bisaz stammten ursprünglich aus Lavin, sind aber seit 1620 auch in Scuol aktenkundig. Von der Laviner Linie sind aus dem 17. Jahrhundert zwei Geistliche bekannt, die beide für eine Erneuerung des Glaubens eintraten, aber wohl noch keine Pietisten waren. Es scheint, dass im 18. Jahrhundert die Scuoler Linie keine Verbindungen mehr zur Laviner Linie hatte. Ob Mengia Geschwister hatte, ist ungewiss. Aktenkundig ist zumindest ein Jacob (Jachen) Bisaz, der um 1772 in Scuol «Wunderarzt»[2] war, also eine gewisse Bildung gehabt haben muss – vielleicht war er ein Bruder von Mengia. Mengia hat 1733 den ortsansässigen Antoni («Töna») Wieland geheiratet. Wie viele Kinder das Ehepaar hatte, ist nicht genau bekannt; mindestens einen Sohn Jon und eine Tochter müssen es aber gewesen sein. Jon brachte es später dank seines Syndikatur-Amtes im Veltlin zu grossem Besitz. Um das Jahr 1765 muss ihre bereits verheiratete Tochter, Anna Töna Arquint-Wieland, im Kindbett verstorben sein. Aus diesem Anlass hat Mengia Wieland ein dreissigstrophiges Klagelied verfasst. Das Klagelied ist erhalten in der letzten Ausgabe ihres Gesangbuchs *Ovretta musicale* (Scuol 1769).

Aus der romanischen Literaturgeschichte wissen wir, dass viele romanische Gebets- und Gesangbücher oft Übersetzungen aus deutschen oder französischen Ausgaben waren. Nicht nur, aber ganz besonders das Klagelied über den Verlust ihrer Tochter zeigt allerdings, dass Mengia nicht Übersetzerin, sondern romanische Dichterin war – ja die einzige «poetessa romontscha» im 18. Jahrhundert. Dass Frauen im bäuerlichen Umfeld des Unterengadins um die Mitte des 18. Jahrhunderts lesen und schreiben konnten, ist aus buchgeschichtlichen Forschungen sehr wohl bekannt,[3] doch dass Frauen, abgesehen von reimhaften Besitzeinträgen, auch selbst dichteten und ihr Werk gedruckt wurde, ist doch eher erstaunlich. Das Klagelied

OVRETTA
MUSICALA
Chi
Conſiſta in la II. Edictiun
Cun la Adjuntà da Novas è velgias
In XIX. Canzuns, Spiritualas, da
diverſa materia, & indiverſas
Melodias, à Glorificatiun
dil Nom da Dieu.
Sun miſſas gio da mia D. Neza
Donna.
MENGIA VIOLANDA,
nata BISAZA,
Et davo eſſer reviſas dil Cor-
reſtur.
Hoſſa sün reeech fat da di
vers novamang ſun ſtampadas à cuoſt
dala medema prenominada.
Stampà in SCUOL da JACOB N
GADINA. Año. MDCCLIV

Abb. 21: Titelblatt der zweiten Auflage des Gesangbuches ***Ovretta musicala*** (Scuol 1754) von Mengia Wieland-Bisaz.

zeigt ebenfalls, dass die Autorin einerseits ein grosses biblisches Wissen hatte, andererseits die Kunst des Dichtens wirklich beherrschte.[4] Bereits in jungen Jahren hat sie sich wohl darin geübt, später aber sicher auch Rat eingeholt. So schreibt sie in der Ausgabe von 1756, dass sie das Lied «O Spiert Soinch nu 'm bandunar» [O heiliger Geist, verlass mich nicht] von Petar Rier aus Samnaun gegenlesen liess.[5] Ihr biblisches Wissen und ihre Dichtkunst illustrieren, dass Mengia Wieland-Bisaz eine ausserordentlich gebildete und gelehrte Frau war. So ist die Bemerkung von Martin Peider Schmid v. Grüneg (1743–1821) aus Ftan, dass die *Ovretta* «lächerlich» sei, kritisch zu hinterfragen.[6] Schmid v. Grüneg hat wohl sowohl eine solche ‹Emanzipation› der Frauen abgelehnt als auch mit dem Inhalt des Büchleins nicht übereingestimmt. Bekanntlich ging mit dem Pietismus ein verändertes Verständnis der Rolle der Frau einher. Gerade Frauen im pietistischen Umfeld haben emanzipatorische Tendenzen gezeigt. Auch das Unterengadin war stark durch die pietistische bzw. herrnhuterische Frömmigkeit geprägt.

Ein Hinweis auf die damalige Stellung der Frau im Unterengadin ist sicher die Feststellung, dass nicht die Autorin ihre *Ovretta* herausgegeben hat, sondern ihr Onkel und – zumindest die Ausgabe von 1769 – «divers amis» [verschiedene Freunde].[7] Es handelt sich dabei wohl um die vierte Auflage des *Ovretta musicale*,[8] nachdem das Werk erstmals 1749 erschienen ist; weitere Ausgaben wurden 1754 und 1756 gedruckt.[9] Dass ein Gesangbuch innerhalb von zwanzig Jahren vier Auflagen erlebte, zeugt von einem guten Ruf bei den Engadiner ‹Pietisten›. So ist ja das weit bekanntere Gesangbuch *Philomela* von Johannes Martinus ex Martinis (1644–1733) auch in vier Ausgaben erschienen, allerdings zwischen 1684 und 1797.[10]

Mengias Onkel hielt auf dem Titelblatt ausdrücklich fest, dass «mia D. Nezza Donna Mengia Vielanda nata Bisazia» [meine Nichte Frau Mengia Wieland-Bisaz] die Lieder gedichtet und ein Teil der Melodien auch komponiert habe. Der Romanist Peider Lansel zollt Mengia Wieland zwar keine grosse Originalität, doch beurteilt er das Werk gerade wegen seiner Einfachheit als bemerkenswert. Tatsächlich zeichnen sich die Gesänge durch frische Natürlichkeit und ergreifende Frömmigkeit aus. Dies mag der Grund sein, dass die *Ovretta* im Unterengadin so beliebt war und verschiedene Freunde das Büchlein erneut drucken liessen.

Die ausserordentliche Gelehrsamkeit von Mengia Wieland-Bisaz weist zudem auf eine Tatsache hin, die in der Literatur kaum thematisiert wird: Es gibt zwar vier verschiedene Ausgaben der *Ovretta musicale*, doch handelt es sich faktisch um mindestens zwei bis drei verschiedene Gesangbücher. So werden von der vorangehenden Ausgabe immer nur ein Teil der Lieder nachgedruckt,[11] mehrere neue kommen aber hinzu. Während das Lied «O Spiert Soinch nu ’m bandunar» [O heiliger Geist, verlass’ mich nicht] in der Ausgabe von 1754 und 1756 das erste Lied ist, steht es in der Ausgabe von 1769 erst an neunter Stelle. Andererseits fehlen Lieder wie «O Segner auda tü mia vusch» [O Herr, höre meine Stimme] oder «Sta sü mia orma chiara» [Steh’ auf, meine liebe Seele] in der Ausgabe von 1769. Hingegen wird das Pfingstlied «O quant gronda es l’algretia» [O wie gross ist die Freude] erstmals 1769 gedruckt.

Dieser kleine Einblick illustriert, dass Mengia Wieland-Bisaz nicht nur aufgrund des frühen Todes ihrer Tochter durch die Herzensklage zu einer Dichterin geworden ist,[12] sondern bereits als jüngere Frau aus ihrem Glauben heraus Freuden- und Trostlieder dichtete. Und es scheint, dass sich zumindest das musikalische Interesse von Mengia auch bei ihren Nachkommen zeigte: Ihr Sohn Jon finanzierte die vierte Ausgabe der *Philomela*, ihr Urenkel, Lehrer Jachen Töna Wieland-Arquint (1812–1893), verfasste ein eigenes Orgelbuch.[13]

Weiteres aus dem Leben von Mengia Wieland-Bisaz ist leider nicht überliefert. Sie verstarb am 2. Juni 1781 in Scuol.

Singen als Zeugnis der eigenen Frömmigkeit

Der Alltag der Engadiner Gläubigen des 18. Jahrhunderts war geprägt vom täglichen Singen und Beten. Das Gesangbuch war die ‹Bibel des Volkes› und wurde oft ‹zerlesen und zersungen›, bis es auseinanderfiel. Petar Rier aus Samnaun hielt auf dem Titelblatt seiner *Canzuns spiritualas* (1745) fest, dass die Lieder bei verschiedenen Gelegenheiten «lettas & cantadas» [gelesen und gesungen] werden können. Viele Melodien kannte man deshalb bestens. Auch für Mengia Wieland war das Singen fundamental: «Lain chiantar, psalmiar / Saimper sainza ma gnir stangels.» [Lasset uns singen, psalmodieren, immerzu ohne müde zu werden.][14] Mengia Wieland hat regelmässig darauf verwiesen, nach welcher Melodie man ihre Lieder singen solle, wenn sie keine eigene komponiert hat. Die meisten Melodien stammen aus der *Philomela*, dem traditionellen Gesangbuch in den Engadiner Kirchen, andere – beispielsweise das Lied «Jesu retter in der noth»[15] – aus der *Geistlichen Seelen-Music*, einem St. Galler Gesangbuch mit pietistischer Ausrichtung.

Wenn wir uns der Frömmigkeit von Mengia Wieland-Bisaz zu nähern versuchen, so hilft es, in einem ersten Schritt die verschiedenen Auflagen und Lieder der *Ovretta musicale* zu vergleichen. Nicht nur enthalten die einzelnen Ausgaben nicht durchwegs die gleichen Lieder, sondern es ist auch eine Verlagerung im Inhalt der Lieder feststellbar. In der ersten und zweiten Ausgabe orientiert sich Mengia sehr stark an der Frömmigkeit in den Psalmen, die ja in der reformierten Kirche regelmässig gesungen wurden. Freud und Leid werden in der Psalmensprache ausgedrückt, immer auch in Bezug zu biblischen Beispielen gesetzt. Manche Lieder sind aufgebaut wie die alttestamentlichen Geschichtspsalmen, z. B. ist die Geburt oder die Passion Christi in Gedichtform gesetzt. In den beiden späteren Auflagen nimmt die Anzahl eher thematisch geprägter Lieder zu: ein Lied zu Pfingsten, ein Lied über den Hochmut oder ein Lied zur Vergebung der Sünden. Dabei schöpft Mengia aus ihrem breiten biblischen Wissen. Ihre Sprache ist so stark von der biblischen beeinflusst, dass man manchmal das Gefühl hat, dass sie diese geradezu verinnerlicht habe. Jesus wird bezeichnet als «Sulai da la jüstia» [Sonne der Gerechtigkeit], «Lgüm dil mund» [Licht der Welt] oder «funtana d'aqua viva» [Quelle des lebendigen Lebens].[16] Die unzähligen biblischen Bezüge – manchmal gar mit Nennung der Bibelstelle – belegen, dass Mengia ausserordentlich gute Bibelkenntnisse hatte. Ihre Frömmigkeit ist also grundsätzlich sehr stark an der Bibel orientiert.

Damit stellt sich auch die Frage nach ihrer Theologie. Grundsätzlich steht Mengia Wieland-Bisaz auf reformiertem Boden: Neben dem *sola scriptura* ist sie auch eine überzeugte Vertreterin des *sola fide*, *solus Deus*, *solus Christus* und *sola gratia*. Jesus Christus ist der «sulet recuors» [einzige Zuflucht], durch sein Blut sind die Gläubigen «dl'infiern [...] spendrats» [aus der Hölle gerettet]. Darum soll Gott allein die Ehre erwiesen werden.[17] Insbesondere in den Passionsliedern begegnet eine klassisch protestantische ‹Kreuzestheologie›, doch mit einer stärkeren Betonung des Blutes und der Wunden. Gerade im Pietismus ist infolge des eigenen starken Sündenbewusstseins eine stärkere Blut- und Wundenfrömmigkeit feststellbar. Regelmässig spricht Mengia davon, dass die Gläubigen durch das «saung» [Blut] Jesu gerettet seien. Bemerkenswerterweise spricht sie aber vor allem von Jesus und zunehmend weniger von Christus. Das Lied *Celebratiun da Jesu* soll beispielsweise nicht nur nach der Melodie *Jesus ist mein Leben* gesungen werden, sondern im Text erscheint regelmässig «O meis Jesus» [O mein Jesus].[18] Eine solche Jesus-Frömmigkeit ist typisch für den Pietismus. Interessant ist, dass Mengia Wieland gewisse Strophen im Laufe der Jahre der eigenen Frömmigkeit anpasste: 1754 noch endete ein Lied über den Heiligen Geist: «Milli milli ach milli già / Sea l'Nom Jesus ingratià.» [Tausend, tausend und tausendmal / sei dem Namen Jesu gedankt]; bereits zwei Jahre später endete die gleiche Strophe folgendermassen: «Milli milli ach milli già / Seis meis Jesu celebrà.» [Tausend, tausend und tausendmal / sei mein Jesus gepriesen].[19]

Es findet bei Mengia Wieland eine zunehmende Individualisierung und Verinnerlichung des religiösen Lebens statt. Peider Lansel meint mit Recht, dass dieser «saintimaintalisem» für die Erbauungsliteratur des 18. Jahrhunderts typisch sei.[20] Allerdings handelt es sich mitnichten um einen Sentimentalismus, sondern um eine tiefe Herzensfrömmigkeit einer gläubigen Frau. Sehr oft benutzt sie nämlich den Begriff des «cor» [Herz]. Der Heilige Geist möge ein ehrliches, ein demütiges Herz geben, «per cheu poss'indrett orar» [damit ich richtig beten könne].[21] Jesus «aint in noss cors vöglias intrar» [Jesus möge in unser Herz eintreten].[22] Neben der Bedeutung der objektiven *sola scriptura* tritt gewissermassen ein subjektives *solum cor* [allein das Herz]. Dazu gehört auch starke Empfindsamkeit, die sich in der Sprache äussert. Immer wieder spricht Mengia von den «larmas» [Tränen] über ihr ‹Sündigsein›: mit Tränen wolle sie zu Gott beten, mit Tränen wolle sie glauben, dass Jesus Christus für sie am Kreuz bezahlt habe. Dabei geht es durchaus um emotionale Bewegtheit, nicht aber um Trauer über ein Vergehen, eine konkrete Sünde. Tränen werden gewissermassen als ein ‹Gradmesser› für erreichte religiöse Frömmigkeit verstanden: Inwendige Tränen, die ausschliesslich Gott gegenüber mittelbar sind.[23]

Ein Vergleich der Ausgaben von 1754 und 1756 offenbart, dass Mengia in den 1750er Jahren zunehmend stärker pietistisch dachte und dichtete. Ob es mit der Anwesenheit von Herrnhuter Sendboten zusammenhängt? Jedenfalls besuchten die Herrnhuter Sendboten Johann Georg Wallis (1750, 1751), Jacques Benjamin Macrait (1754) und David Cranz (1757) auf ihren Reisen auch Scuol und es ist bezeugt, dass sich dort in diesen Jahren Gesinnungsfreunde – etwa zwanzig an der Zahl – regelmässig getroffen haben.[24] Dafür, dass Mengia Wieland dazu gehörte, gibt es keine Belege, aber vieles spricht dafür: Seit der Ausgabe von 1756 gebraucht sie auch da und dort den Ausdruck «ami» [Freunde], und meint damit – gemäss der gängigen Formulierung in pietistischen Kreisen – die Angehörigen eines Kreises von Personen, die sich regelmässig zum Beten und Singen treffen. Gerade solche «amis» mögen Mengia ermutigt haben, eine vierte Ausgabe des *Ovretta mu-*

sicale herauszugeben, die vor allem neue Lieder enthält. Ihre Lieder wurden also nicht in der Kirche, sondern im ‹Kreis der Freunde› gesungen: Die Melodien waren bekannt, Mengia hat Texte dazu gedichtet, und schliesslich dann und wann wieder drucken lassen, wenn Lieder besonders beliebt waren. Die dritte Ausgabe illustriert, dass die Lieder tatsächlich nur in einem internen Kreis gesungen wurden. Darin finden sich nämlich sieben Lieder über die sieben sogenannten Todsünden, die Mengia «pro d'ün bun ami» [für einen guten Freund] gedichtet hat.[25] Nur ein guter Freund ‹im Herrn› konnte die Widmung richtig verstehen: Gerade die Reformatoren haben die (katholische!) Vorstellung der sieben Todsünden abgelehnt, und zwar deshalb, weil es keine Unterscheidung zwischen Todsünden und lässlichen Sünden gebe. Im Pietismus hingegen kam wieder das Bedürfnis auf, zwischen leichteren Sünden und ganz schweren Sünden zu unterscheiden, gerade weil die Gläubigen ja Gottes Heilswillen kannten. Man fürchtete sich davor, dass bekehrte oder wiedergeborene Christen noch einmal vom Glauben abfallen würden. In den Todsünden erkannte man eine besonders grosse Gefahr. Da genau setzte Mengia Wieland an. Auch hier begründete Mengia mit vielen biblischen Beispielen, zu was z. B. «superbia» [Hochmut] oder «avrianza» [Trunksucht, Völlerei] führen könne. Befreiung davon erfahre man aber «sulet [tras] tia gratia» [allein durch deine Gnade].[26] So enden die Lieder immer mit dem zuversichtlichen Blick, dass Gott gnädig sein möge, die Gläubigen von dieser Sünde absehen und Gott demütig immer vor Augen haben mögen, «per pudair inzacura / A tai culs seniuors / In cèl saimper südsüra / Chiantar laud & honur» [um irgendwann dir, zusammen mit den Ahnen im Himmel, ohne Ende Lob und Ehre singen zu können].[27]

Die meisten Lieder von Mengia Wieland enden mit diesem zuversichtlichen Blick, im Himmel gemeinsam mit den Jüngern, den seligen Verstorbenen und den heiligen Engeln Gott Lob und Ehre zu erweisen. Oft wird diese Zukunftshoffnung

46.

Teiś Sông Spiert invüt & mante
gnia in mai, far ora
Tras quel poſs eug lura : Contin
Chiazuns da laut à tai.
19. Mantengia mi orma o Dei
in ſanda, tü Segner crei
Et tot quels chi ni'l muond haſ
Tras graz' il Cêl ſpettan : à taj Dei
laud dettan, Amen ò JEſu fa

Chianzun ſupra la pi
defunta Donna ANNA Tö
NA ARQUINT natta
VIELANDA.

* * * * * * * * * * *

Sur la mort t' mia chiara Figlia,
Eug quiſt vers naj vuglü far,
Plonſcher & Cridar' m' piglia,
Maj davent tras il chiantar,
Larmas & melanconia,
Cur eug chiant tſchaſna in via.

Chia

47.

Chiavazin ingio deſs oſta,
Sco chia tia Schrittüra moſſa,
Segner tot am cuſſortar,
Völg ò Deis quella ſgundar,
La mia bocca cun maſchlos,
Vœlg ſerrar daſſatta clas,
2. Non haj dit ne main dit vöglia;
Chia indret non fetſcha Deis,
Jnpagliol'al tut mia Figlia,
Sü in Cêl pro'ls Anguels ſeis;
Aint in Cêl cun bratſch avert,
Sia pagliol' ha Dieu pardert,
3. Un lev pârt la Dieu dunada;
Na Figletta parturit,
Sco na fluor da Dieu formada,

Cun

Abb. 22: Trauerlied, verfasst aus Anlass des Hinschieds der Anna Töna Arquint, geborene Wieland, der Tochter von Mengia Wieland-Bisaz.

auch noch mit einer persönlichen Ermahnung verbunden, ohne Unterlass zu Gott zu beten oder auf Gottes Gnade zu vertrauen, denn: «schi tü craisch in mai, schi eug sun quell / T'voelg far hartavel da meis tschêl» [wenn du an mich glaubst, dann bin ich der, der dich zum Erben meines Himmels machen will].[28] Diese traditionelle Frömmigkeit im gesungenen Lied illustriert, dass Mengia Wieland in ihrer Kirche zu Hause war[29] und keine separatistischen Tendenzen zeigte, aber doch mit ihren ‹Freunden› ein intensiveres, persönlicheres Glaubensleben pflegte. Ihre Lieder dienten zur persönlichen Erbauung, Ermahnung und Verinnerlichung eines religiösen Lebens. Den Kreisen der ‹Freunde› mögen Männer wie Frauen angehört haben. Die in Graubünden noch erhaltenen Exemplare der *Ovretta musicale* stammen gerade auch aus dem Besitz von Frauen: Fila Ans, Barbla Vonzun, Chiatrina Tus oder Mengia Pitsch. Überhaupt scheinen Frauen für Mengia eine besondere Bedeutung gehabt zu haben, gerade auch im gesungenen Lied. In mehreren Liedern betonte sie nämlich, dass Frauen die ersten Zeuginnen der Auferstehung gewesen seien. Schliesslich dichtete sie gar ein 52-strophiges Lied zu den Gesprächen, die Maria, die Mutter Jesu, mit ihren «cumpognias» [Begleiterinnen] am Ostersonntagmorgen geführt habe, und komponierte dazu eigens eine Melodie.[30] Gerade der Inhalt dieses Liedes illustriert, dass das religiöse Gespräch unter Frauen – Freundinnen – Mengia zum religiösen Dichten inspiriert hatte, um so die gläubigen Frauen durch das Lied näher zu Jesus zu führen.

Jesu havd'aint in meis cour
Jesu tü es mia amur
Jesu tü tuot meis cuffort
Jesu spendram dalla mort.

Jesu meis sulet recuors
O tai clom eug di è not, Jesu guardia stous tü far,
Jesu tiram sü pro tai, Jesu da il Cèl à mai
Jesu sta pro mai cuntin, Jesu dam' na buna fin.
Amen.

[Jesus wohnt in meinem Herzen
Jesus du bist meine Liebe
Jesus du bist mein ganzer Trost
Jesus rettet mich vom Tod.

Mein Jesus ist die einzige Zuflucht
Dich rufe ich bei Tag und Nacht, Jesus du musst Wache halten
Jesus ziehe mich hinauf zu dir, Jesus gib mir den Himmel
Jesus steh' ständig ein für mich, Jesus gib mir ein gutes Ende.
Amen.][31]

Wirkung

Mengia Wieland-Bisaz hat in einer bewegten Zeit gelebt. Der Pietismus hat gerade in den Drei Bünden grosse Wirkung gezeigt: Nicht nur wurde die ‹neue› Frömmigkeit auf der Synode heftig diskutiert, sondern es entstanden auch Treffen unter Gesinnungsfreunden, die miteinander beteten, sangen und die Bibel lasen. Mengia Wieland nahm als Frau an solchen Treffen teil und hat selbst Lieder gedichtet, die – vor allem für die Freundeskreise bestimmt – gar gedruckt wurden. Ihre Lieder sind Zeugnis einer tiefen Frömmigkeit und einer ausserordentlichen Bildung. Sie belegen gleichermassen das Leseinteresse und die Lesefertigkeit im Engadin zur Zeit des Pietismus. Als damals ‹nur› geachtete Persönlichkeit im Kreise ihrer Freunde darf Mengia heute als die erste rätoromanische Dichterin gewürdigt werden.[32]

Anmerkungen

1 Holger *Finze*, Die Herrnhuter in Graubünden. Streit um die kirchliche Erneuerung im 18. Jahrhundert, Bündner Monatsblatt 1993, 267.

2 Paul Eugen *Grimm*, Scuol. Landschaft, Geschichte, Menschen, St. Moritz 2012, 372; vgl. auch das Buch *Chirurgie, in welcher alles, was zur Wunderarzney gehöret* (Nürnberg 1770) aus dem Besitz von Jacob Bisaz (Ordnungssignatur im Forschungsprojekt «Das Buch in Graubünden»: GS 002 [weitere Informationen beim Autor]).

3 Dazu siehe den einleitenden Beitrag (S. 17–20).

4 Die einzelnen Strophen des Klageliedes sind formal Sextinen mit vierfüssigen Trochaeen (vgl. Mevina *Puorger*, La prüma scriptura rumantscha, PIZ. Zeitschrift für Südbünden 2007, Nr. 33, 61).

5 Vgl. Mengia *Wieland-Bisaz*, Ovretta musicala chi consista in certas canzuns spiritualas [...], Scuol 1756, 3. Tatsächlich hat das Lied in der Ausgabe von 1756 einige Änderungen gegenüber 1754 erfahren.

6 Vgl. Martin Peider Schmid v. Grüneg: Chiantun verd, Bd. 2, Staatsarchiv Graubünden (Chur): A 722/1, 351; Jon *Mathieu*, Bauern und Bären. Eine Geschichte des Unterengadins von 1650 bis 1800, Chur [3]1994, 172.

7 Titelblatt der Ausgabe 1769.
8 Dies, obwohl auf dem Titelblatt «3avla votta» steht, denn die Ausgabe von 1754 bezeichnet sich «II. Edictiun», diese wurde aber 1756 erneut gedruckt, allerdings mit teils anderen Liedern; faktisch war damit die Ausgabe von 1769 die vierte Ausgabe, obwohl es – aus inhaltlicher Sicht – eher die dritte Ausgabe war. Die Erstausgabe von 1749 ist nicht mehr erhalten.
9 Vgl. Bibliografia Retorumantscha (1552–1984), Nr. 5750–5753.
10 Vgl. Bibliografia Retorumantscha (1552–1984), Nr. 3397–3400.
11 Manche Lieder sind in den späteren Auflagen inhaltlich und sprachlich leicht angepasst worden.
12 So Manfred Gross in *Lexicon istoric retic* (2, 543).
13 Vgl. Hans-Peter *Schreich*, Ün interessant cudesch d'orgel d'Engiadina Bassa dal 19avel tschientiner. Üna contribuziun al chant dals pslams in Engiadina, Annalas da la Societad Retorumantscha 101 (1988), 99f.
14 *Wieland-Bisaz*, Ovretta musicala, 1754, 9.
15 Neu-vermehre Geistliche Seelen-Music, Das ist: Geist und Trostreiche Gesäng [...], St. Gallen 1753, 297.
16 Aus dem Lied: Celebratiun da Jesu & sia spendranza, in: *Wieland-Bisaz*, Ovretta musicala, 1756, 54–59.
17 Vgl. *Wieland-Bisaz*, Ovretta musicala, 1754, 7. 16. 47.
18 Vgl. *Wieland-Bisaz*, Ovretta musicala, 1756, 54–59.
19 *Wieland-Bisaz*, Ovretta musicala, 1754, 3; *dies.*, Ovretta musicala, 1756, 3.
20 Peider *Lansel*, La musa ladina. Antologia da la poesia engiadinaisa moderna, Samedan ^{2}1918, 27.
21 *Wieland-Bisaz*, Ovretta musicala, 1754, 2; *dies.*, Ovretta musicala, 1756, 2; *dies.*, Ovretta musicala, 1769, 63.
22 *Wieland-Bisaz*, Ovretta musicala, 1769, 24.
23 Vgl. Natalie *Binczek*, Tränenflüsse. Eine empfindsame Mitteilungsform und ihre Verhandlungen in Literatur, Religion und Medizin, Pietismus und Neuzeit 34 (2008), 200–204.
24 Vgl. J. Jürgen *Seidel*, Die Anfänge des Pietismus in Graubünden, Zürich 2001, 282–288. 298.
25 Vgl. *Wieland-Bisaz*, Ovretta musicala, 1756, 37–50.
26 *Wieland-Bisaz*, Ovretta musicala, 1756, 43.
27 *Wieland-Bisaz*, Ovretta musicala, 1756, 38.
28 *Wieland-Bisaz*, Ovretta musicala, 1756, 7.
29 Dies kann u. a. auch mit dem Klagelied auf den Tod ihres Neffen Bardot Fanzun von Ardez belegt werden (vgl. *Wieland-Bisaz*, Ovretta musicala, 1754, 52–55).
30 Vgl. *Wieland-Bisaz*, Ovretta musicala, 1769, 24–36.

31 *Wieland-Bisaz*, Ovretta musicala, 1756, 36f.
32 Eine detaillierte Studie zu Mengia Wieland-Bisaz wird in den *Annalas da la Societad retorumantscha 33* (2020) auf Romanisch erscheinen.

Literaturangaben

Primärquellen

[Christian *Huber* (Hg.)], Geistliche Seelen-Music, Das ist: Geist und Trostreiche Gesäng in allerley Anligen zu Trost und Erquickung Gott-liebender Seelen [...], St. Gallen 1704 (viele weitere Auflagen).

Neu-vermehre Geistliche Seelen-Music, Das ist: Geist und Trostreiche Gesäng [...], St. Gallen 1753.

Martin Peider Schmid v. Grüneg: Chiantun verd, ca. 1775, Bd. 2, Staatsarchiv Graubünden (Chur): A 722/1.

Mengia *Wieland-Bisaz*, Ovretta musicala [...], Scuol 1749 ([2]1754; [3]1756; [4]1769).

Sekundärquellen

Jan-Andrea *Bernhard*, Rosius à Porta (1734–1806) – ein Leben im Spannungsfeld von Orthodoxie, Aufklärung und Pietismus, Zürich 2005 (Zürcher Beiträge zur Reformationsgeschichte 22).

Reto R. *Bezzola*, Litteratura dals Rumauntschs e ladins, Chur 1979.

Bibliografia retorumantscha (1552–1984) e Bibliografia da la musica vocala retorumantscha (1661–1984), Chur 1986.

Natalie *Binczek*, Tränenflüsse. Eine empfindsame Mitteilungsform und ihre Verhandlungen in Literatur, Religion und Medizin, Pietismus und Neuzeit 34 (2008), 199–217.

Eduard *Böhmer*, Romanische Studien, Heft XX: Verzeichnis rätoromanischer Literatur, Bonn 1883.

Gion *Deplazes*, Funtaunas. Istorgia da la litteratura rumantscha per scola e pievel, Bd. 1–2, Chur 1987–1988.

Holger *Finze*, Die Herrnhuter in Graubünden. Streit um die kirchliche Erneuerung im 18. Jahrhundert, Bündner Monatsblatt 1993, 239–273.

Paul Eugen *Grimm*, Ftan. Raum – Zeit – Menschen, Chur 2005.

Paul Eugen *Grimm*, Scuol. Landschaft, Geschichte, Menschen, St. Moritz 2012.

Manfred *Gross*, Lemma: Mengia Vielanda-Bisazia, in: Lexicon istoric retic, hg. von Marco Jorio u. a., Bd. 2, Chur 2012, 543.

Konrad *Huber*, Rätisches Namenbuch, Bd. III: Die Personennamen Graubündens, 2 Bde., Bern 1986 (Romanica Helvetica 101).

Jon *Mathieu*, Bauern und Bären. Eine Geschichte des Unterengadins von 1650 bis 1800, Chur [3]1994.

Peider *Lansel*, La musa ladina. Antologia da la poesia engiadinaisa moderna, Samedan [2]1918.

Mevina *Puorger*, La prüma scriptura rumantscha, PIZ. Zeitschrift für Südbünden 2007, Nr. 33, 60f.

Men *Rauch*, Homens prominents ed originals d'Engadina Bassa e Val Müstair dal temp passà, Scuol 1935.

Ders., Mengia Violanda, nada Bisaza, en: Fögl Ladin, 3. Dezember 1957 (Numer giubiler), 5.

Hans-Peter *Schreich*, Ün interessant cudesch d'orgel d'Engiadina Bassa dal 19avel tschientiner. Üna contribuziun al chant dals pslams in Engiadina, Annalas da la Societad Retorumantscha 101 (1988), 97–102.

J. Jürgen *Seidel*, Die Anfänge des Pietismus in Graubünden, Zürich 2001.

Jakob Rudolf *Truog*, Die Pfarrer der evang. Gemeinden in Graubünden und seinen ehemaligen Untertanenlanden, Separatum aus: Jahrbuch der historisch-antiquarischen Gesellschaft Graubünden 1934/35, Chur 1936.

Personen- und Ortsregister

Bildnachweise

Abb. 1: akg-images / Andrea Jemolo
Abb. 2: Camilla: Die ungepflückte und stetsbeglükte Rose der unschätzbaren Freyheit: in den edlesten Gemühtsgarten Vergnügungs-begirriger Nymfen mit neuen Gründen eingepflanzet. [Zürich?]: [s.n.], gedruckt im Jahr 1693. Zentralbibliothek Zürich, FF 485,3, http://doi.org/10.3931/e-rara-8699 / Public Domain Mark
Abb. 3: Archiv cultural Foppa: Vuor 1, Rar 19 Bibl (1718)
Abb. 4: Privatbesitz in Summaprada
Abb. 5: Archiv cultural Foppa: Vuor 1, Rar 6 Gras (1683)
Abb. 6: Heimatmuseum Davos
Abb. 7: Kulturarchiv Oberengadin: Dep. 3, 38g (Schachtel 14a, Klainguti)
Abb. 8: Privatbesitz in Strada
Abb. 9: Evangelisch-Lutherisches Magdalenenstift Altenburg
Abb. 10: Münchener DigitalisierungsZentrum der Bayerischen Staatsbibliothek, http://mdz-nbn-resolving.de/urn:nbn:de:bvb:12-bsb10108646-8
Abb. 11: Niedersächsische Staats- und Universitätsbibliothek Göttingen, Signatur 8 P GERM II, 7085
Abb. 12: SLUB Dresden / Deutsche Fotothek / Günter Rapp
Abb. 13: Herzog August Bibliothek Wolfenbüttel: I 10161.1
Abb. 14: Fäsi, Johann Heinrich: Sonnen-Blum göttlicher Warheit: das ist schriftmässige Beantwortung eines in loblichem Land Glarus von Hrn. Jacob Gartner, catholisch-genanten Pfarrern zu Naefels, ungütlich aussgesprengten [...]. Zürich: jn Verlag Joh. Heinrich Lindinners, getrukt bey Michael Schaufelbergers s. Erbin und Christoph Hardmeyer, jm Jahr 1695. Zentralbibliothek Zürich, 7.364,2, http://doi.org/10.3931/e-rara-10009 / Public Domain Mark
Abb. 15: Gugelberg von Moos, Hortensia: Geist- und Lehr-reiche Conversations Gespräche, welche in ansehenlicher Gesellschafft bey unterschidlichem Anlaass von göttlichen, sittlichen und natürlichen [...]. Getruckt zu Zürich: [s.n.], im Jahr Christi 1696. Zentralbibliothek Zürich, FF 485,2, http://doi.org/10.3931/e-rara-11838 / Public Domain Mark
Abb. 16: Gugelberg von Moos, Hortensia: Glaubens-Rechenschafft einer hochadenlichen, reformiert-evangelischen Dame, vor einem fürnemen geistlichen Herren, römisch-catholischer Religion, auf vorgehende [...]: darinn beyläuffig das neulich ausgekommene Büchlein, Messblum genennt, in 8 Haubtstucken erforschet, und widerleget wird. [Zürich]: [s.n.], getruckt im Jahr Christi 1695. Zentralbibliothek Zürich, FF 485, http://doi.org/10.3931/e-rara-11804 / Public Domain Mark
Abb. 17: UB Basel, Chr Ar 274.

Abb. 18: UB Basel, Chr Ar 274.
Abb. 19: Historical image collection by Bildagentur-online / Alamy Stock Foto
Abb. 20: Herkunft nicht eruierbar.
Abb. 21: Privatbesitz in Scuol
Abb. 22: Ovretta musicale chi consista in certas canzuns spiritualas, da diversa materia, & in diversas melodias, à glorificatiun dil nom da Dieu. In Scuol: da Jacob Nott Gadina, anno 1769, KBG Aa 269 (Aufl. 4), https://doi.org/10.3931/e-rara-28519 / Public Domain Mark

Autorinnen und Autoren, Herausgeberin und Herausgeber

Selina Anliker (1992) studiert seit 2013 Theologie an der Universität Zürich, mit besonderem Interesse an Kirchengeschichte der Neuzeit und des Urchristentums.

Jan-Andrea Bernhard (1971), PD Dr. theol., studierte Klassische Philologie, Theologie und osteuropäische Geschichte an den Universitäten Zürich und Basel. Er arbeitet als reformierter Pfarrer in Waltensburg/Schnaus/Ilanz (GR) und ist Privatdozent für Kirchengeschichte an der Universität Zürich; Verfasser zahlreicher Publikationen zur frühneuzeitlichen Theologie-, Kirchen-, Buch- und Kommunikationsgeschichte.

Brigitte Danuser-Leitinger (1969), Dr. med. dent., absolvierte ein Zahnmedizinstudium an der Universität Zürich. Nach langjähriger Praxistätigkeit als Zahnärztin studierte sie Theologie an der Leopold-Franzens-Universität Innsbruck, später an der Universität Zürich und erlangte 2017 mit der Arbeit *Seelsorge für Kinder mit unheilbar erkranktem Elternteil* den Bachelor of Theology .

Judith Engeler (1990), studierte Theologie an der Universität Zürich und schloss 2015 mit der Arbeit *Das Evangelium als Heilung der Gesellschaft. Eine Untersuchung anhand ausgewählter Schriften Huldrych Zwinglis bis 1525* mit dem Master of Theology ab. Das Vikariat absolvierte sie in der Kirchgemeinde Romanshorn-Salmsach und wurde auch dort ordiniert. Seit 2017 ist sie Studienfachberaterin am Theologischen Seminar in Zürich und beschäftigt sich in ihrer Dissertation mit dem *Ersten Helvetischen Bekenntnis* (1536).

Stephan Krauer (1979) studierte Volkskunde, Sozial- und Wirtschaftsgeschichte und Religionswissenschaften mit dem Schwerpunkt Volksfrömmigkeit und Religionssoziologie. Während und nach dem Studium war er unter anderem für die Wirtschaftsförderung diverser Kantone als Berater tätig. Seit 2012 arbeitet er als Jugendarbeiter in der Evang.-reformierten Kirchgemeinde Meilen. 2015 begann er den Quereinsteigerstudiengang Theologie mit dem Ziel, Pfarrer zu werden.

Anna Magdalena Lerch (1992) studiert seit 2015 Theologie an der Universität Zürich, mit besonderem Interesse an Kirchen- und Dogmengeschichte sowie der Ökumene.

Rahel Strassmann Zweifel (1973) studierte nach langjähriger Arbeit als Jugendarbeiterin Betriebswirtschaft an der Zürcher Fachhochschule für angewandte Wissenschaft (2002). Das Studium der Theologie, den Master of Theology, schloss sie 2017 mit der Arbeit *Die Eucharistie als Proprium des Gemeindeaufbaus. Der Zugang über Storytelling* ab. Derzeit absolviert Rahel Strassmann Zweifel das kirchliche Praktikumsjahr, um zur reformierten Pfarrerin ordiniert zu werden.

Michèle Wenger (1991) studiert Theologie und Deutsche Sprach- und Literaturwissenschaft an der Universität Zürich. Sie unterrichtet seit 2014 am Literargymnasium Rämibühl (Religionen und Ethik, Deutsch, Theory of Knowledge); seit September 2017 ist sie zudem Hilfsassistentin am Lehrstuhl für Praktische Theologie (Prof. Dr. Thomas Schlag), mit dem Schwerpunkt Religionspädagogik, Erinnerungslernen und Holocaust-Education.